职业教育会计专业系列教材

"十四五"职业教育国家规划教材

"十三五"职业教育国家规划教材

配套教学用书

会计基础习题集

KUAIJI JICHU XITIJI

（第四版）

周会林 主 编

东北财经大学出版社 大连
Dongbei University of Finance & Economics Press

图书在版编目（CIP）数据

会计基础习题集 / 周会林主编 . —4版 . —大连：东北财经大学出版社，
2024.5

（职业教育会计专业系列教材）

ISBN 978-7-5654-5195-9

Ⅰ．会…　Ⅱ．周…　Ⅲ．会计学–中等专业学校–教学参考资料　Ⅳ．F230

中国国家版本馆CIP数据核字（2024）第060669号

东北财经大学出版社出版

（大连市黑石礁尖山街217号　邮政编码　116025）

网　　址:http://www.dufep.cn

读者信箱:dufep@dufe.edu.cn

大连图腾彩色印刷有限公司印刷　　东北财经大学出版社发行

幅面尺寸：185mm×260mm　　　字数：274千字　　　印张：12.25

2024年5月第4版　　　　　　　　　2024年5月第1次印刷

责任编辑：周　欢　　　　　　　　　责任校对：一　心

封面设计：原　皓　　　　　　　　　版式设计：原　皓

定价：28.00元

教学支持　售后服务　　联系电话：（0411）84710309

版权所有　侵权必究　　举报电话：（0411）84710523

如有印装质量问题，请联系营销部：（0411）84710711

第四版前言

2019年1月24日，国务院印发的《国家职业教育改革实施方案》（国发〔2019〕4号）指出，职业教育与普通教育是两种不同教育类型，具有同等重要地位。要优化教育结构，科学配置并做大做强职业教育资源。为适应职业院校教育教学方式、方法的改革，打破传统的教学模式，更好地开展职业院校财经类专业"会计基础"课程的教学，我们组织修订了《会计基础习题集》，本习题集是主教材《会计基础》（第四版）的配套教学用书。

《会计基础习题集》（第四版）针对主教材"走进公司企业·认知会计概念""认知会计要素·建立会计等式""设置会计科目·使用复式记账""填写原始凭证·编制记账凭证""处理基本业务·完成会计核算""登记会计账簿·认知对账结账""盘点企业家底·实施财产清查""依据会计账簿·编制财务报表""运用账务处理程序·提高会计核算效率""认知会计资料·保管会计档案"十个项目内容进行知识巩固和技能强化。一方面，可使学生在理实一体的教学过程中明确学习目标、认识会计核算方法的具体内容，逐步提高学习兴趣，培养会计实操技能；另一方面，通过"教、学、做"合一，方便教师组织教学，针对性、实用性很强。全书的题型有术语释义、填空题、单项选择题、多项选择题、判断题、实训题等，附录中配有所有习题的参考答案。

本习题集由南京财经高等职业技术学校正高级讲师、注册会计师周会林任主编，南京财经高等职业技术学校徐晓云、洛阳职业技术学院韦元民担任副主编。南京财经高等职业技术学校金兢，长沙财经学校潘月梅、楚立可、刘迎红也参与了本习题集的编写。在编写过程中，我们还得到了厦门网中网软件有限公司的支持和帮助，在此一并表示感谢。

由于编者水平有限，书中难免有不当之处，敬请批评指正，我们将进一步修订完善。

编　者
2024年1月

目　录

项目一 走进公司企业·认知会计概念

任务1 认知公司企业·了解企业经营流程

术语释义

1. 企业
2. 法人
3. 公司
4. 有限责任公司
5. 股份有限公司

填空题

1. 企业的组织形式包括_____、_____和_____。
2. 依照《中华人民共和国公司法》的规定，公司包括_____和_____两种类型。
3. 制造业企业的经营流程包括_____、_____和_____三个阶段。

单项选择题（每题有一个正确答案，请将正确答案的代号填入括号中）

1. 个人出资经营、归个人所有和控制、由个人承担经营风险和享有全部经营收益的企业属于（   ）。

A.独资企业 B.合伙企业
C.有限责任公司 D.股份有限公司

2. 由两个或两个以上的自然人通过订立合伙协议，共同出资经营、共负盈亏、共担风险的企业属于（   ）。

A.独资企业 B.合伙企业
C.有限责任公司 D.股份有限公司

3. （   ）是指将全部资本划分为等额股份，股东以其认购的股份为限对公司承担责任，公司以全部财产对公司债务承担责任的法人。

A.独资企业 B.合伙企业
C.有限责任公司 D.股份有限公司

4. 供应过程表现为货币资金的减少，（   ）的增加。

A. 货币资金　　　　　　　　　　　　B. 储备资金

C. 生产资金　　　　　　　　　　　　D. 成品资金

多项选择题（每题有两个或两个以上正确答案，请将正确答案的代号填入括号中）

1. 制造业企业经营流程包括（　　　）。

A. 筹建过程　　　　　　　　　　　　B. 供应过程

C. 生产过程　　　　　　　　　　　　D. 销售过程

2. 法人应当具备的条件有（　　　）。

A. 依法成立　　　　　　　　　　　　B. 有必要的财产或者经费

C. 有自己的名称、组织机构和场所　　D. 能够独立承担民事责任

3. 企业生产工艺流程遵循的原则有（　　　）。

A. 技术先进　　　　B. 技术引进　　　　C. 经济合理　　　　D. 程序合法

判断题（正确的打"√"，错误的打"×"）

1. 企业与公司是同一概念。　　　　　　　　　　　　　　　　　　　　（　　　）

2. 我国的独资企业属于私营企业。　　　　　　　　　　　　　　　　　（　　　）

3. 独资企业与合伙企业属自然人企业，出资者对企业承担无限责任。　　（　　　）

任务2　认知会计基本知识·理解会计基本假设

术语释义

1. 会计

2. 会计核算职能

3. 会计监督职能

4. 会计对象

5. 会计目标

6. 会计基本假设

7. 会计主体

8. 持续经营

9. 会计分期

10. 货币计量

填空题

1. 会计是以_____为主要计量单位，_____和_____一个单位经济活动的_____工作。

2. 会计的基本职能是_____和_____。

3. 会计监督是一个过程，它分为_____、_____和_____。

4. 会计的拓展职能有_____、_____和_____。

5. 会计监督职能是指对特定主体的经济活动和相关会计核算的_____、_____和_____进行监督审查。

6. 会计基本假设（会计核算的基本前提）包括_____、_____、_____和_____。

单项选择题（每题有一个正确答案，请将正确答案的代号填入括号中）

1.运用特定会计方法，以文字和金额同时描述某一交易或事项，使其金额反映在特定主体财务报表之中的是（　　）。

A.确认　　　　　B.计量　　　　　C.记录　　　　　D.报告

2.对特定主体的财务状况、经营成果和现金流量情况以会计报表的形式向有关方面提供信息的是（　　）。

A.确认　　　　　B.计量　　　　　C.记录　　　　　D.报告

3.会计的基本职能是（　　）。

A.记账、算账和报账　　　　　　B.核算和监督

C.预测、决策和分析　　　　　　D.监督和管理

4.（　　）是指将一个企业持续经营的生产经营活动划分为一个个连续的、长短相同的期间，以便分期结算账目和编制财务会计报告。

A.会计期间　　　B.会计分期　　　C.会计区间　　　D.会计年度

5.在会计核算的基本前提中，界定会计工作和会计信息空间范围的是（　　）。

A.会计主体　　　B.持续经营　　　C.会计期间　　　D.货币计量

6.由于（　　），才产生了本期与非本期的区别，出现了预收预付、应收应付、计提折旧、分期摊销等会计处理方法。

A.会计主体　　　B.会计年度　　　C.会计分期　　　D.持续经营

多项选择题（每题有两个或两个以上正确答案，请将正确答案的代号填入括号中）

1.会计的两项基本职能是相辅相成、辩证统一的关系，下列说法正确的有（　　）。

A.会计核算是会计监督的基础

B. 会计监督是会计核算的基础

C. 会计监督是会计核算资料的保证

D. 没有会计核算所提供的会计信息，会计监督就失去了依据

2. 会计对象是指企业的（　　）。

A. 经济活动　　　　　B. 资金运动　　　　C. 经济运动　　　　D. 价值运动

3. 在下列组织中，可以作为法律主体的有（　　）。

A. 总公司　　　　　B. 分公司　　　　C. 母公司　　　　D. 子公司

判断题（正确的打"√"，错误的打"×"）

1. 会计的基本职能是核算、监督和检查。　　　　　　　　　　　　　（　　）

2. 核算和监督都是会计的基本职能，但不是会计的唯一职能。　　　　（　　）

3. 会计主体和法律主体并非对等的概念，会计主体一定是法律主体，但法律主体不一定是会计主体。　　　　　　　　　　　　　　　　　　　　　　　　　（　　）

4. 会计分期界定了从事会计工作和提供会计信息的空间范围。　　　　（　　）

5. 一般而言，总公司、分公司、母公司、子公司和企业集团均可以是会计主体，而分公司、企业集团却不是法律主体。　　　　　　　　　　　　　　　　　　　（　　）

任务3　认知会计基础·了解核算方法

术语释义

1. 会计基础

2. 权责发生制

3. 收付实现制

4. 会计核算方法

5. 会计循环

填空题

1. 会计基础包括_____和_____两种。

2. 权责发生制的主要内容是：凡是当期已经实现的收入和已经发生或应当负担的费用，无论款项是否收付，都应当作为当期的_____，计入_____；凡是不属于当期的收入和费用，即使款项已经在当期收付，也不应当作为当期的_____。

3. 权责发生制原则主要是从_____上规定会计确认的基础，其核心是根据_____来确认收入和费用。

4. 会计核算方法体系由_____、_____、_____、_____、_____、_____和_____等专门方法构成。

📋 **单项选择题（每题有一个正确答案，请将正确答案的代号填入括号中）**

1. 在我国，制造业企业应当以（   ）作为会计核算基础。
A. 收付实现制   B. 权责发生制   C. 永续盘存制   D. 实地盘存制

2. 在我国，行政单位应当以（   ）作为会计核算基础。
A. 收付实现制   B. 权责发生制   C. 永续盘存制   D. 实地盘存制

3. 填制和审核会计凭证是会计核算的（   ）。
A. 起点   B. 重点   C. 终点   D. 中间点

📚 **多项选择题（每题有两个或两个以上正确答案，请将正确答案的代号填入括号中）**

1. 权责发生制主要适用于（   ）。
A. 企业单位   B. 事业单位   C. 营利性组织   D. 非营利性组织

2. 下列属于会计核算方法体系内容的有（   ）。
A. 复式记账   B. 成本计算   C. 财产清查   D. 实地盘点

📖 **判断题（正确的打"√"，错误的打"×"）**

1. 在我国，交通运输局、交通运输厅等单位的会计核算应当采用权责发生制。（   ）

2. 在我国，化工企业的会计核算应当采用收付实现制。（   ）

任务4　认知会计信息使用者·理解会计信息质量要求

📖 **术语释义**

1. 可靠性
2. 相关性
3. 可理解性
4. 可比性
5. 实质重于形式
6. 重要性
7. 谨慎性

8.及时性

📖 填空题

1.企业会计信息使用者包括_____、_____、_____、_____和_____。
2.会计信息质量要求主要包括_____、_____、_____、_____、_____、_____、_____和_____。

单项选择题（每题有一个正确答案，请将正确答案的代号填入括号中）

1.（　　）通过财务报表，以判断是否需要对企业继续股权投资。
　A.投资者　　　　　　B.债权人　　　　　　C.企业管理者　　　　D.政府及相关部门
2.（　　）通过财务报表，以判断是否需要对企业继续债权投资。
　A.投资者　　　　　　B.债权人　　　　　　C.企业管理者　　　　D.政府及相关部门
3.（　　）通过财务报表，以衡量企业的经营成果。
　A.投资者　　　　　　B.债权人　　　　　　C.企业管理者　　　　D.政府及相关部门
4.（　　）通过财务报表，以了解本辖区的经济发展、税收等状况。
　A.投资者　　　　　　B.债权人　　　　　　C.企业管理者　　　　D.政府及相关部门
5.（　　）是潜在的投资者和债权人，通过财务报表以判断是否与企业发生直接经济业务。
　A.投资者　　　　　　B.债权人　　　　　　C.企业管理者　　　　D.社会公众
6.企业将融资租入的资产列入企业的资产负债表，符合（　　）会计信息质量要求。
　A.相关性　　　　　　B.可比性　　　　　　C.可理解性　　　　　D.实质重于形式
7.要求同一企业不同时期发生的相同或者相似的交易或者事项，应当采用一致的会计政策，不得随意变更，符合（　　）会计信息质量要求。
　A.可靠性　　　　　　B.可比性　　　　　　C.可理解性　　　　　D.及时性
8.要求不同企业同一会计期间发生的相同或者相似的交易或者事项，应当采用规定的会计政策，确保会计信息口径一致、相互可比，以使不同企业按照一致的确认、计量和报告要求提供有关会计信息，符合（　　）会计信息质量要求。
　A.可比性　　　　　　B.重要性　　　　　　C.谨慎性　　　　　　D.及时性
9.下列会计处理符合谨慎性会计信息质量要求的是（　　）。
　A.计提资产减值准备　　　　　　　　　　B.填制会计凭证
　C.登记会计账簿　　　　　　　　　　　　D.编制会计报表
10.要求企业提供的会计信息应当与投资者等财务报告使用者的经济决策需要相关，有助于财务会计报告使用者对企业过去和现在的情况作出评价，对未来情况作出预测。符合（　　）会计信息质量要求。
　A.可靠性　　　　　　B.相关性　　　　　　C.谨慎性　　　　　　D.及时性

多项选择题（每题有两个或两个以上正确答案，请将正确答案的代号填入括号中）

1.企业会计信息使用者包括（　　）。

A.投资者　　　　　　B.债权人　　　　　　C.企业管理者　　　　D.社会公众

2.下列项目涉及重要性的判断有（　　）。

A.性质　　　　　　　B.数量　　　　　　　C.金额　　　　　　　D.行业

判断题（正确的打"√"，错误的打"×"）

1.可靠性要求企业应当以实际或预计发生的交易或者事项为依据进行确认、计量和报告，及时反映符合确认和计量要求的各项会计要素及其他相关信息，保证会计信息真实可靠、内容完整。　　　　　　　　　　　　　　　　　　　　　　（　　　）

2.企业对可能发生的资产减值损失计提资产减值准备、对售出商品可能发生的保修义务等确认预计负债，体现了企业会计核算中的谨慎性要求。　　　　　　（　　　）

项目二 认知会计要素·建立会计等式

任务1 认知财务状况会计要素

术语释义

1. 会计要素
2. 财务状况
3. 资产
4. 负债
5. 所有者权益

填空题

1. 反映财务状况的会计要素包括_____、_____和_____三项。
2. 资产按其流动性不同，可以分为_____和_____；负债按偿还期的长短不同，可以分为_____和_____。
3. 所有者权益的来源包括_____、_____、_____、_____和_____。

单项选择题（每题有一个正确答案，请将正确答案的代号填入括号中）

1. 下列各项中，属于反映企业财务状况的会计要素是（　　）。
   A. 收入　　　　　　　B. 资产　　　　　　　C. 费用　　　　　　　D. 利润
2. 资产按其（　　）不同，可以分为流动资产和非流动资产。
   A. 流动性　　　　　　B. 重要性　　　　　　C. 及时性　　　　　　D. 可比性
3. 企业持有的1年期国债、准备随时出售的股票属于（　　）。
   A. 银行存款　　　　　B. 交易性金融资产　　C. 应收票据　　　　　D. 存货
4. 企业因销售商品、提供劳务等而收到的商业汇票属于（　　）。
   A. 应付票据　　　　　B. 交易性金融资产　　C. 应收票据　　　　　D. 应收账款
5. 企业存放在仓库里的产品、生产用原材料属于（　　）。
   A. 库存现金　　　　　B. 固定资产　　　　　C. 应收票据　　　　　D. 存货
6. 企业拥有的房屋、建筑物、机器设备、运输设备等属于（　　）。
   A. 无形资产　　　　　B. 固定资产　　　　　C. 预付账款　　　　　D. 存货

7.企业借入的期限为3个月的流动资金借款属于（　　　）。

A.短期借款　　　　　B.长期借款　　　　　C.应付账款　　　　　D.其他应付款

8.企业因支付购料款而签发给销售企业的商业承兑汇票属于（　　　）。

A.应付票据　　　　　B.应付账款　　　　　C.应收票据　　　　　D.预付账款

9.企业收到的出借包装物的押金属于（　　　）。

A.应付票据　　　　　B.应付账款　　　　　C.其他应付款　　　　　D.预付账款

10.企业所有者投入的构成企业注册资本部分的金额属于（　　　）。

A.实收资本　　　　　B.资本公积　　　　　C.盈余公积　　　　　D.未分配利润

多项选择题（每题有两个或两个以上正确答案，请将正确答案的代号填入括号中）

1.资产具有的基本特征有（　　　）。

A.资产是由于过去的交易或事项所形成的

B.资产是企业拥有或者控制的资源

C.资产预期会给企业带来经济利益

D.资产来源于投资者的投入

2.关于负债的特征，下列说法中正确的有（　　　）。

A.负债是由企业过去的交易或者事项形成的

B.负债是企业承担的现时义务

C.负债预期会导致经济利益流出企业

D.负债是企业承担的未来义务

3.关于所有者权益的特征，下列说法中正确的有（　　　）。

A.除非发生减资、清算或分派现金股利，企业不需要偿还所有者权益

B.企业清算时，只有在清偿所有的负债后，所有者权益才返还给所有者

C.所有者凭借所有者权益能够参与企业利润的分配

D.所有者权益项目应当列入利润表

4.下列属于流动资产的有（　　　）。

A.银行存款　　　　　B.交易性金融资产　　C.应收票据　　　　　D.存货

5.下列属于非流动资产的有（　　　）。

A.固定资产　　　　　B.应收账款　　　　　C.预付账款　　　　　D.无形资产

6.根据法律规定从税后净利润中提取的企业积累资金包括（　　　）。

A.法定盈余公积　　　B.任意盈余公积　　　C.资本公积　　　　　D.未分配利润

判断题（正确的打"√"，错误的打"×"）

1.企业的资产可以是现实的资产，也可以是预期的资产。　　　　　　　　　（　　　）

2.流动资产是指预计在1年或者超过1年的一个营业周期变现、出售或耗用

的资产。 （　　）

3. 流动负债是指预计在 1 年或者超过 1 年的一个营业周期内偿还的债务。 （　　）

4. 直接计入所有者权益的利得是指由企业非日常活动所形成的、会导致所有者权益增加的、与所有者投入资本无关的经济利益的流入。 （　　）

5. 直接计入所有者权益的损失是指由企业非日常活动所发生的、会导致所有者权益减少的、与向所有者分配利润无关的经济利益的流出。 （　　）

6. 未分配利润项目反映企业累计未分配利润或累计未弥补亏损。 （　　）

实训题

【实训目的】熟悉资产、负债、所有者权益的构成内容及确认方法。

【实训资料】南京保洁有限责任公司 2023 年 11 月 30 日的资产、负债及所有者权益情况，见表 2-1。

表 2-1

资产、负债及所有者权益情况

2023 年 11 月 30 日

单位：元

序　号	项　目	资　产	负　债	所有者权益
1	质检科使用的仪器，价值 250 000 元			
2	存入交通银行的款项 20 000 元			
3	欠甲公司货款 50 000 元			
4	投资者投入资本 500 000 元			
5	尚未缴纳的增值税 5 000 元			
6	会计保险柜中的现金 8 000 元			
7	乙公司欠本公司货款 60 000 元			
8	用于生产产品的材料，价值 210 000 元			
9	用于接送职工的汽车，价值 580 000 元			
10	用于生产产品的机器设备，价值 1 200 000 元			
11	预收丙公司货款 100 000 元			
12	借入短期借款 300 000 元			
13	材料采购员向单位预借差旅费 8 000 元			
14	欠职工工资 30 000 元			
15	购入 1 年期国债 500 000 元			
16	正在加工中的产品，价值 60 000 元			
17	企业取得专利权，价值 600 000 元			
18	公司提取法定盈余公积 30 000 元			
19	本年实现净利润 300 000 元			
20	仓库中的产成品，价值 500 000 元			
21	购入准备随时变现的股票 750 000 元			
合　计				

【实训要求】判断表内各项目的要素类别，分资产、负债、所有者权益三类列示。

任务2　认知经营成果会计要素

术语释义

1. 收入
2. 费用
3. 利润

填空题

1. 按日常活动在企业所处的地位，收入分为_____和_____。
2. 按收入的性质，收入分为_____、_____和_____。
3. 费用按其性质可分为_____和_____。
4. 利润可分为_____、_____和_____三个层次。

单项选择题（每题有一个正确答案，请将正确答案的代号填入括号中）

1. 雨刮器厂销售雨刮器取得的收入属于（　　　）。
A.主营业务收入　　　　　　　　　　　B.其他业务收入
C.提供劳务收入　　　　　　　　　　　D.营业外收入
2. 雨刮器厂销售多余原材料获得的收入属于（　　　）。
A.主营业务收入　　　　　　　　　　　B.其他业务收入
C.提供劳务收入　　　　　　　　　　　D.营业外收入
3. 雨刮器厂销售雨刮器取得的收入属于（　　　）。
A.商品销售收入　　　　　　　　　　　B.提供劳务收入
C.让渡资产使用权收入　　　　　　　　D.营业外收入
4. 雨刮器厂生产雨刮器耗用的材料属于（　　　）。
A.直接材料费用　　　　　　　　　　　B.直接人工费用
C.制造费用　　　　　　　　　　　　　D.管理费用
5. 雨刮器厂生产雨刮器负担生产工人的薪酬属于（　　　）。
A.直接材料费用　　　　　　　　　　　B.直接人工费用
C.制造费用　　　　　　　　　　　　　D.管理费用
6. 雨刮器厂生产雨刮器负担生产车间管理人员的薪酬属于（　　　）。
A.直接材料费用　　　　　　　　　　　B.直接人工费用

C.制造费用   D.管理费用

7.厂部行政管理人员的薪酬属于（   ）。

A.直接材料费用   B.直接人工费用

C.制造费用   D.管理费用

8.本年净利润与年初未分配利润之和为（   ）。

A.利润总额   B.可供分配利润总额

C.利润净额   D.未分配利润总额

多项选择题（每题有两个或两个以上正确答案，请将正确答案的代号填入括号中）

1.下列各项中，属于反映企业经营成果的会计要素有（   ）。

A.收入   B.费用   C.负债   D.利润

2.收入的特征包括（   ）。

A. 是企业在日常活动中形成的

B. 会导致所有者权益增加

C. 只会导致资产的增加

D. 与所有者投入资本无关的经济利益的总流入

3.费用的特征包括（   ）。

A. 是企业在日常活动中发生的

B. 会导致所有者权益减少

C. 与向所有者分配利润无关的经济利益的总流出

D. 只会导致企业负债的增加

4.生产费用包括（   ）。

A.直接材料   B.直接人工   C.制造费用   D.管理费用

5.期间费用包括（   ）。

A.制造费用   B.销售费用   C.财务费用   D.管理费用

判断题（正确的打"√"，错误的打"×"）

1.收入能够导致企业的所有者权益增加，但导致企业所有者权益增加的不一定都是收入。   （   ）

2.费用能够导致企业的所有者权益减少，但导致企业所有者权益减少的不一定都是费用。   （   ）

3.期间费用是指与企业非日常生产经营活动有关的支出。   （   ）

4.期间费用是指企业本期发生的、能直接或间接归入产品生产成本的各项费用。   （   ）

实训题

【**实训目的**】掌握收入、费用、利润的构成内容及确认方法。

【**实训资料**】会计科目与会计要素配对表，见表2-2。

表2-2 　　　　　　　　　　　　**会计科目与会计要素配对表**

项　目	会计要素
投资收益	收入
主营业务收入	
其他业务收入	
主营业务成本	费用
其他业务成本	
管理费用	
财务费用	
销售费用	利润
营业外收入	
营业外支出	
本年利润	

【**实训要求**】用直线连接上述有关项目所归属的会计要素。

任务3 应用会计等式

术语释义

1. 会计等式
2. 经济业务

填空题

1. 反映资金运动静态的会计要素是_____、_____和_____；反映资金运动动态的会计要素是_____、_____和_____。

2. 资产表示企业拥有的_____，权益则表示_____。

3. 资产与权益的恒等关系是_____的理论基础，也是企业会计_____、_____和_____的理论依据。

4. 企业在任何时点所有的资产总是等于_____和_____合计。

5. 广义的权益一般包括_____和_____。

单项选择题（每题有一个正确答案，请将正确答案的代号填入括号中）

1. 资产与权益相等，表明（　　）。

A. 资产金额等于债权人权益金额

B. 资产金额等于所有者权益金额

C. 一项资产金额与一项权益金额相等

D. 资产总额等于权益总额

2. 复式记账、试算平衡和编制资产负债表的理论依据是（　　）。

A. 资产=负债+所有者权益+（收入–费用）

B. 资产=负债+所有者权益+利润

C. 资产=负债+所有者权益

D. 收入–费用=利润

3. 某企业的资产为200万元，负债为80万元，则所有者权益为（　　）万元。

A.80　　　　　　　　B.120　　　　　　　　C.200　　　　　　　　D.280

4. 某企业的负债为50万元，所有者权益为90万元，则资产为（　　）万元。

A.40　　　　　　　　B.50　　　　　　　　C.90　　　　　　　　D.140

5. 某企业当期收入为100万元，费用为80万元，计入利润的利得和损失均为0，则当期利润为（　　）万元。

A.20　　　　　　　　B.80　　　　　　　　C.100　　　　　　　　D.280

6. 企业接受货币资金投资，所引起的变动为（　　）。

A. 一项资产增加，一项负债增加　　　　B. 一项资产增加，一项所有者权益增加

C. 一项负债减少，一项所有者权益增加　　D. 一项资产减少，一项所有者权益减少

7. 企业取得短期借款10 000元存入银行，所引起的变动为（　　）。

A. 一项资产增加，一项负债增加　　　　B. 一项资产增加，一项所有者权益增加

C. 一项负债增加，一项所有者权益减少　　D. 一项资产减少，一项资产增加

8. 开出应付票据抵付应付账款，所引起的变动为（　　）。

A. 一项资产增加，一项负债增加　　　　B. 一项资产减少，一项负债减少

C. 一项负债增加，一项负债减少　　　　D. 一项资产减少，一项所有者权益减少

9. 下列项目中，引起资产和负债同时减少的经济业务是（　　）。

A. 以银行存款支付前欠货款　　　　B. 以现金支付办公费用

C. 购买材料，货款尚未支付　　　　D. 收回应收账款，存入银行

10. 下列项目中，引起所有者权益有增有减的经济业务是（　　）。

A. 收到投资者投入的固定资产　　　　B. 以银行存款偿还长期借款

C. 资本公积转增实收资本　　　　D. 以企业拥有的厂房对外单位投资

11. 采购员预借差旅费，所引起的变动为（　　）。

A.一项资产增加，一项负债增加　　　　B.一项资产增加，另一项资产减少

C.一项资产减少，一项负债减少　　　　D.一项负债增加，另一项负债减少

12.经批准，企业将应付账款200万元转为实收资本，所引起的变动为（　　）。

A.一项资产增加，一项负债增加　　　　B.一项资产增加，一项所有者权益增加

C.一项负债减少，一项所有者权益增加　D.一项资产减少，一项资产增加

13.经批准，企业按利润分配顺序，确认应付股利50万元，所引起的变动为（　　）。

A.一项资产增加，一项负债增加　　　　B.一项资产增加，一项所有者权益增加

C.一项负债增加，一项所有者权益减少　D.一项资产减少，一项资产增加

14.不会引起会计等式两边同时发生变动的业务是（　　）。

A.销售产品，款项未收　　　　　　　　B.销售产品，款项已收

C.取得长期借款，存入银行　　　　　　D.收回应收账款

15.某企业9月初的资产总额为80 000元，负债总额为25 000元。9月份取得收入共计38 000元，发生费用共计28 000元，则9月末该企业的所有者权益总额为（　　）元。

A.10 000　　　　B.55 000　　　　C.65 000　　　　D.90 000

16.某企业9月初的资产总额为80 000元，负债总额为25 000元。9月份取得收入共计38 000元，发生费用共计28 000元，则9月末该企业的资产总额为（　　）元。

A.10 000　　　　B.55 000　　　　C.65 000　　　　D.90 000

多项选择题（每题有两个或两个以上正确答案，请将正确答案的代号填入括号中）

1.会计等式随着企业生产经营业务的不断进行，在不同的阶段形态不断更迭，具体包括（　　）。

A.资产=负债+所有者权益

B.资产=负债+所有者权益+（收入−费用）

C.资产=负债+所有者权益+利润

D.资产=负债+所有者权益+（收入−费用）+利润

2.关于"资产=负债+所有者权益"会计等式，下列说法中表述恰当的有（　　）。

A.该等式是企业在某一时点上所拥有的经济资源的不同表现形式

B.该等式是企业在某一期间内所拥有的经济资源的不同表现形式

C.该等式是复式记账的理论基础

D.该等式是编制利润表的依据

3.下列关于会计等式的说法，正确的是（　　）。

A."资产=负债+所有者权益"是最基本的会计等式

B."收入−费用=利润"用于计算企业一定期间的经营成果

C.企业各项经济业务的发生不会引起会计等式的数量变化

D.企业各项经济业务的发生不会破坏会计恒等式的平衡关系

4.下列经济业务中，引起资产、权益总额同时减少的有（　　）。

A.对外进行投资　　　　　　　　B.企业缴纳未交增值税

C.偿还应付账款　　　　　　　　D.向银行借入短期借款

5.根据会计等式，下列不会发生的经济业务有（　　）。

A.资产增加，负债减少，所有者权益不变

B.资产不变，负债增加，所有者权益增加

C.资产有增有减，权益不变

D.负债增加，所有者权益减少，资产不变

6.下列经济业务中，引起资产和权益总额不变的有（　　）。

A.以银行存款10 000元，偿还应付票据　B.收到投资100 000元，存入银行

C.以银行存款20 000元，购买材料　　　D.从银行提取现金5 000元

7.下列各项中，正确的经济业务类型有（　　）。

A.一项资产增加，一项负债增加

B.一项资产增加，另一项资产减少

C.一项负债减少，另一项所有者权益减少

D.负债与所有者权益同时增加

8.若一项经济业务发生后引起银行存款增加50 000元，则相应地有可能引起（　　）。

A.短期借款增加50 000元　　　　B.实收资本增加50 000元

C.应收账款减少50 000元　　　　D.应付账款减少50 000元

9.下列经济业务中，引起资产总额增加的有（　　）。

A.从银行提取现金　　　　　　　B.向银行借入短期借款存入银行

C.以资本公积转增资本　　　　　D.预收销货款

10.下列经济业务中，引起资产总额减少的有（　　）。

A.以银行存款缴纳所得税　　　　B.以银行存款归还短期借款

C.收到前欠货款　　　　　　　　D.预收销货款

判断题（正确的打"√"，错误的打"×"）

1.任何经济业务发生后，均会引起资产和权益同时发生增减变化，但资产和权益在数量上仍然相等。（　　）

2.所有者权益在金额上等于企业全部资产减去全部负债后的余额。（　　）

3.经济业务的发生，可能引起资产与权益总额发生变化，但是不会破坏会计基本等式的平衡关系。（　　）

4."收入−费用=利润"会计等式，反映的是某一会计期间的经营成果，是编制利润表的依据。（　　）

5."收入−费用=利润"这一会计等式被称为会计恒等式。（　　）

实训题

【实训目的】熟悉会计平衡公式及其变化，掌握不同经济业务的发生对会计平衡公式的影响。

【实训资料】保洁有限公司2023年11月1日的资产总计875 000元，负债总计412 000元，所有者权益总计463 000元。该公司2023年11月份发生如下经济业务：

1. 以银行存款购入生产产品用的专利权一项，价值60 000元。
2. 投资者投入货币资金12 000元，存入开户银行。
3. 收到购货单位交来的欠款20 000元，存入开户银行。
4. 将所欠的货款250 000元转为实收资本。
5. 向银行取得短期借款120 000元，存入开户银行。
6. 偿还某企业的欠款150 000元。
7. 提取盈余公积30 000元。
8. 签发商业汇票，支付前欠货款50 000元。
9. 董事会决定向投资者分配现金股利70 000元。
10. 经批准，以银行存款归还投资者投资款50 000元。

【实训要求】根据有关经济业务，分析说明这些业务对会计要素的影响，并计算2023年11月份保洁有限公司的资产总额、负债总额和所有者权益总额。将计算结果填写在表2-3中相应栏内。

表2-3　　　　　　　　　　　经济业务按会计要素分类表　　　　　　　　　　单位：元

业务序号	资产 期初余额：875 000		负债 期初余额：412 000		所有者权益 期初余额：463 000	
	增加	减少	减少	增加	减少	增加
1						
2						
3						
4						
5						
6						
7						
8						
9						
10						
合计	期末余额：		期末余额：		期末余额：	

项目三　设置会计科目·使用复式记账

任务1　设置会计科目和账户

术语释义

1. 会计科目
2. 账户

填空题

1. 会计科目按其经济内容，可分为_____、_____、_____、_____和_____。

2. 会计科目按所提供信息的详细程度，可分为_____和_____。

3. 会计科目的设置原则包括_____、_____和_____。

4. 账户的标准格式由以下内容组成_____、_____、_____、_____和_____。

5. 账户余额按照表示的时间不同，分为_____和_____。

6. 账户的四个金额要素包括账户的_____、_____、_____和_____。

7. 账户余额与发生额之间的基本关系是期末余额=_____。

单项选择题（每题有一个正确答案，请将正确答案的代号填入括号中）

1. 对会计要素具体内容进行总括分类、提供总括信息的会计科目称为（　　）。
A.总分类科目　　　　B.明细分类科目　　　　C.二级科目　　　　　D.备查科目

2. 对会计要素具体内容进行明细分类、提供详细具体信息的会计科目称为（　　）。
A.总分类科目　　　　B.明细分类科目　　　　C.二级科目　　　　　D.备查科目

3. "交易性金融资产"科目按其所归属的会计要素不同，属于（　　）类科目。
A.资产　　　　　　　B.负债　　　　　　　　C.所有者权益　　　　D.成本

4. "应收票据"科目按其所归属的会计要素不同，属于（　　）类科目。
A.资产　　　　　　　B.负债　　　　　　　　C.所有者权益　　　　D.损益

5. "应收账款"科目按其所归属的会计要素不同，属于（　　）类科目。
A.资产　　　　　　　B.负债　　　　　　　　C.所有者权益　　　　D.成本

6."预付账款"科目按其所归属的会计要素不同，属于（　　）类科目。

A.资产　　　　　　　B.负债　　　　　　　C.所有者权益　　　　　D.损益

7."应付账款"科目按其所归属的会计要素不同，属于（　　）类科目。

A.资产　　　　　　　B.负债　　　　　　　C.所有者权益　　　　　D.成本

8."应付票据"科目按其所归属的会计要素不同，属于（　　）类科目。

A.资产　　　　　　　B.负债　　　　　　　C.所有者权益　　　　　D.损益

9."预收账款"科目按其所归属的会计要素不同，属于（　　）类科目。

A.资产　　　　　　　B.负债　　　　　　　C.所有者权益　　　　　D.成本

10."生产成本"科目的期末余额应归属于（　　）类会计要素。

A.资产　　　　　　　B.负债　　　　　　　C.成本　　　　　　　　D.损益

11."制造费用"科目按其所归属的会计要素不同，属于（　　）类科目。

A.资产　　　　　　　B.所有者权益　　　　C.损益　　　　　　　　D.成本

12."主营业务收入"科目按其所归属的会计要素不同，属于（　　）类科目。

A.资产　　　　　　　B.负债　　　　　　　C.成本　　　　　　　　D.损益

13."主营业务成本"科目按其所归属的会计要素不同，属于（　　）类科目。

A.资产　　　　　　　B.所有者权益　　　　C.成本　　　　　　　　D.损益

14."管理费用"科目按其所归属的会计要素不同，属于（　　）类科目。

A.资产　　　　　　　B.负债　　　　　　　C.成本　　　　　　　　D.损益

15."利润分配"科目按其所归属的会计要素不同，属于（　　）类科目。

A.资产　　　　　　　　　　　　　　　　　B.负债

C.所有者权益　　　　　　　　　　　　　　D.损益

16.一个科目的本期增加发生额与该科目的期末余额一般都应在该科目的（　　）。

A.借方　　　　　　　　　　　　　　　　　B.贷方

C.相同方向　　　　　　　　　　　　　　　D.相反方向

17.账户的左方和右方，哪一方记增加，哪一方记减少，取决于（　　）。

A.开设账户时间的长短　　　　　　　　　　B.所记金额的大小

C.所记经济业务和账户的性质　　　　　　　D.所记经济业务的重要程度

18.各账户之间的本质区别在于（　　）。

A.反映的经济用途不同　　　　　　　　　　B.反映的经济内容不同

C.反映的结构不同　　　　　　　　　　　　D.反映的格式不同

19.某账户的期初余额为2 400元，期末余额为1 000元，本期增加发生额为1 800元，则本期减少发生额为（　　）元。

A.2 300　　　　　　　B.3 200　　　　　　　C.3 400　　　　　　　D.4 200

20.某账户的期初余额为1 700元，期末余额为4 000元，本期减少发生额为1 800元，则本期增加发生额为（　　）元。

A.2 100　　　　　　　B.3 500　　　　　　　C.4 100　　　　　　　D.7 500

多项选择题（每题有两个或两个以上正确答案，请将正确答案的代号填入括号中）

1.下列账户中，属于资产类科目的有（　　）。

A.预收账款　　　　B.原材料　　　　C.其他应收款　　　　D.其他应付款

2.下列账户中，属于负债类科目的有（　　）。

A.应付利息　　　　B.预付账款　　　　C.应付职工薪酬　　　　D.应交税费

3.下列账户中，属于所有者权益类科目的有（　　）。

A.实收资本　　　　B.盈余公积　　　　C.投资收益　　　　D.本年利润

4.下列账户中，属于成本类科目的有（　　）。

A.生产成本　　　　B.主营业务成本　　　　C.制造费用　　　　D.其他业务成本

5.下列账户中，属于损益类科目的有（　　）。

A.营业外支出　　　　B.所得税费用　　　　C.营业外收入　　　　D.财务费用

6.下列账户的四个金额要素中，属于本期发生额的是（　　）。

A.期初余额　　　　B.本期增加金额　　　　C.本期减少金额　　　　D.期末余额

判断题（正确的打"√"，错误的打"×"）

1.总分类科目对明细分类科目具有统御控制作用，而明细分类科目则是总分类科目的详细补充说明。（　　）

2.账户分为左右两方，左方登记增加，右方登记减少。（　　）

3.账户基本结构的内容仅包括增减金额及余额。（　　）

4.账户的结构分为左方、右方两个方向，一方登记增加，另一方必然登记减少。（　　）

5."生产成本""主营业务成本"账户都属于成本类科目。（　　）

6.会计科目与账户都是对会计对象具体内容的分类，二者核算内容一致，性质相同。（　　）

7.账户是会计科目的具体运用，具有一定的结构和格式，并通过其结构反映某项经济内容的增减变动及其余额。（　　）

实训题

实训一

【实训目的】熟悉账户。

【实训资料】大华有限公司2023年11月份的经济业务资料如下：

1.财务科保险柜存放现金8 915元。

2.在交通银行有存款135 006元。

3. 持有准备随时出售的股票 75 000 元。

4. 持有未到期的商业汇票 30 000 元。

5. 应收外单位货款 187 007 元。

6. 预付给外单位购货款 50 000 元。

7. 采购员预借差旅费 3 000 元。

8. 仓库存放材料，价值 40 000 元。

9. 仓库存放等待销售的产品，价值 120 000 元。

10. 有货款已付但尚未入库的材料，价值 20 100 元。

11. 仓库存放用于包装产品的包装箱，价值 10 000 元。

12. 拥有房屋、机器设备等，价值 534 000 元。

13. 对房屋、机器设备等计提累计折旧 134 000 元。

14. 有未到期的 3 个月期限的银行借款 50 000 元。

15. 应付外单位购货款 34 500 元。

16. 预收外单位货款 35 000 元。

17. 有应付而未付的职工薪酬 38 000 元。

18. 有应付而未付的税费 64 000 元。

19. 应付短期借款利息 340 元。

20. 收到出租设备的押金 80 000 元。

21. 从银行借入期限为 3 年的长期借款 45 000 元。

22. 接受投资者投入的资本 650 000 元。

23. 计提盈余公积 32 188 元。

24. 有未分配的利润 50 000 元。

【实训要求】按会计要素对账户进行分类并填写余额，见表 3-1。

表 3-1　　　　　　　　　大华有限公司相关账户的分类及其余额　　　　　　　　　单位：元

资　产		负　债		所有者权益	
账户	余额	账户	余额	账户	余额
合计		合计		合计	

实训二

【实训目的】熟悉账户余额与发生额的关系。

【实训资料】大庆有限公司2023年10月份部分账户的发生额及余额，见表3-2。

表3-2 **大庆有限公司部分账户的发生额及余额**

2023年10月 单位：元

账户名称	期初余额	本期增加发生额	本期减少发生额	期末余额
库存现金	（ ）	12 100	11 200	2 400
银行存款	335 000	234 000	267 000	（ ）
应收账款	350 000	120 000	（ ）	330 000
原材料	125 000	（ ）	134 000	24 000
库存商品	230 000	240 000	（ ）	150 000
其他应收款	58 000	（ ）	48 000	20 000
固定资产	（ ）	450 000	50 000	1 200 000
累计折旧	80 000	8 000	500	（ ）
应付账款	40 000	（ ）	24 000	50 000
应付职工薪酬	（ ）	34 000	236 000	45 000
应交税费	21 000	250 000	251 000	（ ）
其他应付款	32 000	26 000	（ ）	18 000
生产成本	89 000	654 000	660 000	（ ）
实收资本	1 200 000	（ ）	400 000	1 500 000
盈余公积	50 000	20 000	30 000	（ ）

【实训要求】补充表3-2括号中的数据。

任务2 认知复式记账、运用借贷记账法

术语释义

1. 单式记账法

2. 复式记账法

3. 借贷记账法

4. 记账规则

填空题

1.资产类和成本类账户余额计算公式为：期末借方余额=＿＿＿＿＿＿＿＿＿＿＿＿＿＿。
2.负债类和所有者权益类账户余额计算公式为：期末贷方余额=＿＿＿＿＿＿＿＿＿。
3.我国《企业会计准则》规定企业应当采用＿＿＿＿记账。
4.借贷记账法的记账规则是＿＿＿＿＿＿＿＿＿＿＿＿＿＿＿＿＿＿＿＿＿＿＿。

单项选择题（每题有一个正确答案，请将正确答案的代号填入括号中）

1.在借贷记账法下，"库存现金"账户的余额（　　　）。
A.在借方　　　　　　　　B.在贷方
C.既可能在借方也可能在贷方　　　　　　D.肯定为零

2.在借贷记账法下，账户的借方用来登记（　　　）。
A.资产的增加或权益的减少　　　　　　B.资产的减少或权益的增加
C.资产的增加或权益的增加　　　　　　D.资产的减少或权益的减少

3.在借贷记账法下，账户的贷方用来登记（　　　）。
A.收入的增加或成本费用的增加　　　　　　B.收入的增加或成本费用的减少
C.收入的减少或成本费用的增加　　　　　　D.收入的减少或成本费用的减少

4.权益类账户的余额一般在（　　　）。
A.借方　　　　　　B.贷方　　　　　　C.无余额　　　　　　D.借方或贷方

5.收入类账户的发生额一般在（　　　）。
A.借方　　　　　　B.贷方　　　　　　C.无余额　　　　　　D.借方或贷方

6.下列关于借贷记账法的表述，正确的是（　　　）。
A.在借贷记账法下，"借"代表增加，"贷"代表减少
B.在借贷记账法下，"借"代表减少，"贷"代表增加
C.在借贷记账法下，资产增加记借方，负债减少记贷方
D.在借贷记账法下，可以利用试算平衡检查出部分记账错误

7.在借贷记账法下，哪一方登记增加金额，哪一方登记减少金额，取决于（　　　）。
A.记账形式　　　　　　　　B.核算方法
C.账户的性质和业务内容　　　　　　D.业务金额的大小

多项选择题（每题有两个或两个以上正确答案，请将正确答案的代号填入括号中）

1.在借贷记账法下，账户的贷方应登记（　　　）。
A.资产、费用的增加数　　　　　　B.权益、收入的减少数
C.资产、费用的减少数　　　　　　D.权益、收入的增加数

2. 下列项目中，属于借贷记账法特点的有（　　　）。

A. 以"借"和"贷"作为记账符号

B. 以"有借必有贷，借贷必相等"作为记账规则

C. 记账方向由账户所反映的经济内容来决定

D. 可以进行发生额试算平衡

判断题（正确的打"√"，错误的打"×"）

1. 在借贷记账法下，收入类账户的借方登记减少额，贷方登记增加额。（　　　）

2. 在借贷记账法下，费用类账户的贷方登记增加额，借方登记减少额。（　　　）

3. 在借贷记账法下，对于发生的每一笔经济业务，都是按照"有借必有贷，借贷必相等"的记账规则来记账的。（　　　）

实训题

【实训目的】熟悉借贷记账法下账户余额与发生额的关系。

【实训资料】保洁有限公司2023年6月份部分账户的发生额及余额，见表3-3。

表3-3　　　　　　　　　保洁有限公司部分账户的发生额及余额

2023年6月　　　　　　　　　　　　　　　　　　　　　单位：元

账户名称	期初余额		本期发生额		期末余额	
	借方	贷方	借方	贷方	借方	贷方
库存现金	9 163		5 550	（　　）	5 600	
银行存款	345 000		（　　）	280 000	146 000	
应收账款	376 000		135 900	423 000	（　　）	
预付账款	（　　）		30 000	20 000	60 000	
原材料	86 480		117 345	（　　）	33 453	
库存商品	655 000			620 000	146 000	
固定资产	（　　）		240 000	130 000	2 300 000	
累计折旧		230 000	105 000	46 000		（　　）
短期借款		60 000	（　　）	30 000		40 000
应付账款		96 600	10 700	（　　）		135 856
应付职工薪酬		160 000	500 000	430 000		（　　）
应交税费		（　　）	450 000	570 000		150 000
实收资本		1 850 000	0	（　　）		2 450 000
盈余公积		38 000	18 000	50 000		（　　）
利润分配		45 678	（　　）	322 767		75 000

【实训要求】补充表3-3括号中的数据。

任务3　编制会计分录及试算平衡

术语释义

1. 账户的对应关系
2. 会计分录
3. 试算平衡

填空题

1. 存在对应关系的账户称为_____。
2. 会计分录是由_____、_____及其_____三个要素构成。
3. 按照所涉及账户的多少，会计分录分为_____和_____。
4. 余额试算平衡的直接依据是财务状况等式，即"_____"。

单项选择题（每题有一个正确答案，请将正确答案的代号填入括号中）

1. 在借贷记账法下，当借记"银行存款"账户时，下列账户中，可能成为其对应账户的有（　　）。

A. 财务费用　　　　B. 主营业务成本　　　C. 本年利润　　　　D. 利润分配

2. 在借贷记账法下，当贷记"应交税费"账户时，下列账户中，可能成为其对应账户的有（　　）。

A. 盈余公积　　　　B. 应收账款　　　　C. 应收利息　　　　D. 应付利息

3. 在借贷记账法下，当贷记"主营业务收入"账户时，下列账户中，可能成为其对应账户的有（　　）。

A. 原材料　　　　　B. 库存商品　　　　C. 主营业务成本　　D. 银行存款

4. 乙公司月末编制的试算平衡表中，全部账户的本月贷方发生额合计为232万元，除"原材料"账户以外的本月借方发生额合计为200万元，则"原材料"账户（　　）万元。

A. 本月借方余额为32　　　　　　　　B. 本月贷方余额为32

C. 本月借方发生额为32　　　　　　　D. 本月贷方发生额为32

多项选择题（每题有两个或两个以上正确答案，请将正确答案的代号填入括号中）

1. 会计分录的编制步骤包括（　　）。

A. 分析经济业务所涉及的会计要素

B. 确认涉及的账户，是增加还是减少

C. 确认记入账户的借方还是贷方

D. 确认借贷金额是否相等

2. 在借贷记账法下，当借记"应收账款"账户时，下列账户中可能成为其对应账户的有（　　　）。

A. 主营业务收入　　　B. 银行存款　　　　C. 利润分配　　　　D. 应交税费

3. 借贷记账法的试算平衡方法包括（　　　）。

A. 发生额试算平衡法　　　　　　　　B. 增加额试算平衡法

C. 减少额试算平衡法　　　　　　　　D. 余额试算平衡法

4. 下列不能通过试算平衡查出差错的是（　　　）。

A. 整体漏记会计分录　　　　　　　　B. 整体重记会计分录

C. 编制会计分录时颠倒了记账方向　　D. 登记账户时用错了账户名称

5. 借贷记账法的余额试算平衡公式是（　　　）。

A. 每个账户的本期借方发生额=每个账户的本期贷方发生额

B. 全部账户本期借方发生额合计=全部账户本期贷方发生额合计

C. 全部账户期初借方余额合计=全部账户期初贷方余额合计

D. 全部账户期末借方余额合计=全部账户期末贷方余额合计

判断题（正确的打"√"，错误的打"×"）

1. 在实际工作中，会计分录记载于记账凭证中。　　　　　　　　　　　　（　　　）

2. 编制会计分录是对经济业务进行会计确认和计量的一种初步记载，也是将经济业务记入会计账簿前的一项准备工作。　　　　　　　　　　　　　　　　　（　　　）

3. 简单会计分录是指只涉及一个账户借方和另几个账户贷方的会计分录。（　　　）

4. 企业实务中，不允许将不同种类的经济业务合并编制成多借多贷会计分录。

（　　　）

5. 发生额试算平衡的直接依据是借贷记账法的记账规则，即"有借必有贷、借贷必相等"。　　　　　　　　　　　　　　　　　　　　　　　　　　　　　　（　　　）

6. 试算平衡表的借方、贷方两栏的发生额和余额合计数如果相等，则说明账户的记录基本正确，但并不能保证其绝对正确。　　　　　　　　　　　　　　　　（　　　）

7. 通过试算平衡，如果全部账户借方发生额合计与全部账户贷方发生额合计不等，则说明账户记录有误。　　　　　　　　　　　　　　　　　　　　　　　（　　　）

实训题

实训一

【实训目的】熟悉借贷记账法下会计科目的应用。

【实训资料】保洁有限公司2023年7月份发生下列部分经济业务：

1. 以银行存款偿还上月所欠明亮公司材料款 30 000 元。
2. 因资金短缺，向银行借入 3 个月期限的短期借款 60 000 元，存入银行账户。
3. 收到段勇投入资金 120 000 元，款项已存入银行。
4. 向银行提取现金 15 000 元。
5. 经批准，将盈余公积 30 000 元转增实收资本。
6. 签发商业承兑汇票，偿还蓝天公司货款 30 000 元。
7. 经与债权人协商并经有关部门批准，将所欠 200 000 元的应付账款转为实收资本。
8. 经股东会批准，决定向投资者分配利润 60 000 元。
9. 经批准，减少注册资本 20 000 元，并以银行存款返还给投资者。

【实训要求】

1. 根据上述资料编制会计分录。
2. 编制保洁有限公司账户发生额试算平衡表，见表 3-4。

表 3-4　　　　　　　　**保洁有限公司账户发生额试算平衡表**

2023 年 7 月　　　　　　　　　　　　　　单位：元

账户名称	本期发生额	
	借方	贷方
合　计		

实训二

【实训目的】 熟悉借贷记账法的应用。

【实训资料】 欣欣有限公司 2023 年 8 月份的经济资料如下：

1. 欣欣有限公司 2023 年 8 月 1 日有关账户的期初余额，见表 3-5。

表3-5

欣欣有限公司有关账户的期初余额

2023 年 8 月 1 日 单位：元

资产类科目	借方余额	权益类科目	贷方余额
库存现金	14 000	短期借款	150 000
银行存款	889 265	应付账款	210 600
应收账款	140 400	应交税费	135 189
原材料	321 124	长期借款	500 000
库存商品	230 000	实收资本	4 565 000
固定资产	5 000 000	盈余公积	34 000
累计折旧	-1 000 000		
合　计	5 594 789	合　计	5 594 789

2.欣欣有限公司2023年8月份发生下列经济业务：

（1）向银行借入6个月期限的短期借款100 000元，存入银行账户。

（2）以银行存款归还前欠甲公司货款210 600元。

（3）从乙公司购入A材料验收入库，货款250 000元尚未支付（不考虑增值税）。

（4）以银行存款缴纳税金85 189元。

（5）将多余现金4 000元存入银行。

（6）销售产品一批，取得收入267 800元，款项未收（不考虑增值税）。

（7）收到某投资者投入不需要安装的设备500 000元，银行存款100 000元。

（8）以银行存款归还长期借款200 000元。

（9）收到丁公司所欠货款140 400元，存入银行账户。

（10）购入不需要安装的设备一台，价值200 000元，以银行存款支付（不考虑增值税）。

（11）以银行存款归还短期借款150 000元。

（12）以银行存款偿还前欠乙公司货款250 000元。

（13）计提累计折旧50 000元，分别计入制造费用30 000元、管理费用20 000元。

（14）结转产品销售成本120 000元。

【实训要求】

1. 根据资料1开设"T"形账户，并过入期初余额。

2. 根据资料2逐笔编制会计分录。

3. 根据会计分录逐笔登记"T"形账户，并结出期末余额。

4. 编制欣欣有限公司账户发生额及余额试算平衡表，见表3-6。

表3-6　　　　　　　　**欣欣有限公司账户发生额及余额试算平衡表**

2023年8月　　　　　　　　　　　　　　　　单位：元

账户名称	期初余额		本期发生额		期末余额	
	借方	贷方	借方	贷方	借方	贷方
库存现金						
银行存款						
应收账款						
原材料						
库存商品						
固定资产						
累计折旧						
短期借款						
应付账款						
应交税费						
长期借款						
实收资本						
盈余公积						
制造费用						
管理费用						
主营业务收入						
主营业务成本						
合　计						

项目四　填写原始凭证·编制记账凭证

任务1　识别原始凭证

术语释义

1. 会计凭证
2. 原始凭证
3. 银行承兑汇票
4. 银行本票
5. 进账单

填空题

1. 原始凭证是具有_____的书面证明，是进行会计核算的原始资料和重要依据。

2. 原始凭证按取得来源可分为_____和_____。

3. 原始凭证按格式可分为_____和_____。

4. 原始凭证按填制手续可分为_____、_____和_____。

5. 原始凭证的基本内容包括：_____；_____；_____；_____；_____；_____；_____；_____等。

6. 现金支票的用途是_____；转账支票只能用于_____。

单项选择题（每题有一个正确答案，请将正确答案的代号填入括号中）

1. 下列属于自制原始凭证的是（　　　）。

A.出库单
B.增值税专用发票发票联
C.银行电汇凭证回单联
D.出差报销的车票

2. 下列属于外来原始凭证的是（　　　）。

A.收料单　　　　　B.领料单　　　　　C.借款单　　　　　D.购货发票

3. 下列属于通用凭证的是（　　　）。

A.增值税专用发票
B.领料单
C.借款单
D.出库单

4. 下列属于累计凭证的是（　　　）。

A.收料单 B.车票

C.限额领料单 D.转账支票

5.仓库保管人员填制的收料单,属于企业的( )。

A.外来原始凭证 B.自制原始凭证

C.汇总原始凭证 D.累计原始凭证

6.下列各项中,不能作为原始凭证的是( )。

A.发票 B.领料单

C.工资结算汇总表 D.生产产品计划表

7.会计工作的起点是( )。

A.设置会计科目 B.登记会计账簿

C.填制和审核会计凭证 D.编制会计报表

多项选择题（每题有两个或两个以上正确答案，请将正确答案的代号填入括号中）

1.下列属于原始凭证所必须具备的基本内容的是( )。

A.凭证名称、填制日期和凭证号码 B.经济业务内容摘要

C.对应的记账凭证号数 D.填制经办人员的签章

2.增值税专用发票的联次包括( )。

A.记账联 B.抵扣联 C.发票联 D.存根联

3.下列凭证属于外来原始凭证的有( )。

A.现金付款取得的收据 B.提货单

C.工作任务书 D.出差人员车票

4.下列属于汇总凭证的是( )。

A.收料凭证汇总表 B.工资结算汇总表

C.限额领料单 D.差旅费报销单

5.下列项目中,不属于原始凭证的是( )。

A.银行对账单 B.产品入库单 C.购货协议书 D.费用开支计划

6.制造费用分配表属于( )。

A.累计凭证 B.自制原始凭证

C.一次凭证 D.外来原始凭证

判断题（正确的打"√"，错误的打"×"）

1.一切外来的原始凭证都是一次凭证。 ( )

2.审核无误的原始凭证也是登记账簿的依据。 ( )

3.领料单是由领用材料的部门或者人员根据所需领用材料的数量填写的单据。

( )

实训题

【**实训目的**】通过实训，使学生熟悉原始凭证的种类。

【**实训资料**】原始凭证种类连接，见表4-1。

表4-1   原始凭证种类连接

具体原始凭证	凭证种类
增值税专用发票发票联 现金支票存根联 收料单 借款单 限额领料单 发料凭证汇总表 差旅费报销单	自制原始凭证 外来原始凭证 通用凭证 专用凭证 一次凭证 累计凭证 汇总凭证

【**实训要求**】将上述原始凭证与对应的种类连线。

任务2　填制与审核原始凭证

术语释义

1. 原始凭证的合法性审核
2. 原始凭证的合理性审核
3. 原始凭证的及时性审核

填空题

1. 原始凭证的填制要求包括_____、_____、_____、_____、_____、_____、_____。

2. 原始凭证的审核内容包括_____、_____、_____、_____、_____和_____。

单项选择题（每题有一个正确答案，请将正确答案的代号填入括号中）

1.原始凭证是由（　　）取得或填制的。

A.出纳人员   B.总账会计

C.财务经理   D.业务经办单位或人员

2.关于原始凭证的填制，下列说法不正确的是（　　）。

A. 对外开出的原始凭证必须加盖本单位公章

B. 凭证填写的手续完备

C. 原始凭证在填写错误时可以销毁，重新填制

D. 原始凭证一式数联，各联内容应相同

3.明日公司于 2023 年 2 月 20 日签发一张现金支票，对出票日期正确的填写方法是（　　）。

A.贰零贰叁年贰月贰拾日　　　　　　　B.贰零贰叁年零贰月贰拾日

C.贰零贰叁年贰月零贰拾日　　　　　　D.贰零贰叁年零贰月零贰拾日

4.以下不属于原始凭证审核内容的是（　　）。

A. 凭证反映的内容是否真实

B. 凭证各项基本要素是否齐全

C. 会计科目的使用是否正确

D. 凭证是否有填制单位的公章和填制人员的签章

5.会计机构和会计人员对不真实、不合法的原始凭证，应当（　　）。

A.不予接受　　　　　　　　　　　　　B.予以退回

C.予以纠正　　　　　　　　　　　　　D.不予接受，并向单位负责人报告

多项选择题（每题有两个或两个以上正确答案，请将正确答案的代号填入括号中）

1.关于原始凭证的填制，下列说法中正确的是（　　）。

A. 不得以虚假的交易或事项为依据填制原始凭证

B. 购买实物的原始凭证，必须有验收证明

C. 原始凭证应在交易或事项发生或完成时填制

D. 自制原始凭证必须有经办部门负责人或其指定的人员的签名或盖章

2.下列项目中，符合填制原始凭证要求的是（　　）。

A. 大小写金额必须相符且填写规范

B. 阿拉伯数字连笔书写

C. 支票小写金额前面的人民币符号为"￥"

D. 大写金额有分的，"分"字后面不写"整"或"正"字

判断题（正确的打"√"，错误的打"×"）

1. 支票、收据等原始凭证发生填制错误，不能采用划线更正，应予以销毁，重新填制。　　　　　　　　　　　　　　　　　　　　　　　　　（　　）

2. 从外部取得的原始凭证，必须盖有填制单位的公章；从个人取得的原始凭证，不需要签章。　　　　　　　　　　　　　　　　　　　　　　　（　　）

3. 由于自制原始凭证的名称、用途、内容、格式不同，因而不需要对其真实性、合

法性进行审核。 （ ）

实训题

【实训目的】通过实训，使学生掌握原始凭证的基本内容及填制方法。

【实训资料】

南京创达有限公司的性质：有限责任公司；地址：南京长江路35号；电话：025-66778899；纳税人识别号：91320567179152002R；开户银行：交行南京长江路支行；人民币基本户：9635895436。

企业法人代表（董事长）：陆伟中；总经理：王根荣；财务负责人：张民；会计：陈文亮；出纳：王莉。

仓库主管：黄河；仓库质检员：王宏飞；仓库收料人：孙芳；仓库经办人：翟洁；生产车间经理：张志强；生产车间领料经办人：沈云彩。

企业下设办公室、财务部、采购部、销售部及生产车间，主要生产R101、S202两种产品，生产耗用J313和K414两种材料。

【业务1】2023年12月1日，从无锡平利有限公司购入J313材料1 500千克，单价55元，K414材料2 500千克，单价45元，增值税25 350元；无锡恒顺物流有限公司运费专用发票1 000元，增值税90元，款项尚未支付，运费按材料重量分配，12月3日材料已全部验收入库。两种材料收料单的编码分别为001、002。收料单一和收料单二，如图4-1、图4-2所示。

收料单

年 月 日 编码：

材料编号	材料名称	规格	材质	单位	数量		实际单价	材料金额	运杂费	合计（材料实际成本）
					应收	实收				
供货单位			结算方法				合同号		计划单价	材料/计划成本
备注										

会计联

主管： 质量检验员： 仓库验收： 经办人：

图4-1 收料单一

收料单

年 月 日 编码：

材料编号	材料名称	规格	材质	单位	数量		实际单价	材料金额	运杂费	合计（材料实际成本）
					应收	实收				
供货单位			结算方法				合同号		计划单价	材料/计划成本
备注										

会计联

主管： 质量检验员： 仓库验收： 经办人：

图4-2 收料单二

【业务2】2023年12月4日，预付太平洋保险公司机动车辆保险3 000元、交通强制险950元，另支付车船税360元，款项以转账支票支付。转账支票如图4-3所示。

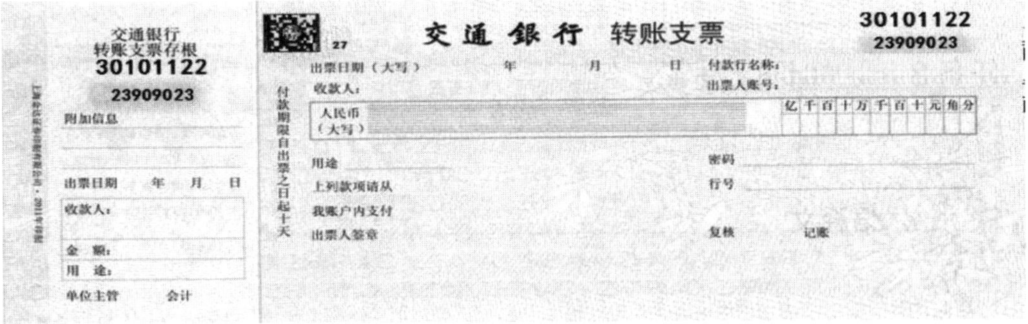
交通银行
转账支票存根
30101122
23909023
附加信息
出票日期　年　月　日
收款人:
金　额:
用　途:
单位主管　会计

27　交通银行　转账支票　30101122 23909023
出票日期（大写）　年　月　日　付款行名称:
收款人:　出票人账号:
人民币（大写）　亿 千 百 十 万 千 百 十 元 角 分
付款期限自出票之日起十天
用途　密码
上列款项请从　行号
我账户内支付
出票人签章　复核　记账

图4-3　转账支票

【业务3】2023年12月24日，采购部李正华参加采购会议预借差旅费3 000元。借款单如图4-4所示。

借　款　单

年　月　日　第　号

借款部门		姓名		事由	
借款金额（大写）	万　仟　佰　拾　元　角　分　¥				
部门负责人签署		借款人签章		注意事项	一、凡借用公款必须使用本单 二、出差返回后三天内结算
单位领导批示		财务经理审核意见			

图4-4　借款单

【业务4】2023年12月26日，向南京迪尔有限公司（纳税人识别号：91320103785125224R，地址：南京大光路32号，电话：83313678，开户行及账号：工行大光路支行9554683136）销售R101产品1 200件，单价200元，销售S202产品1 000件，单价150元，包装物不单独计价，款未收。增值税专用发票如图4-5所示。

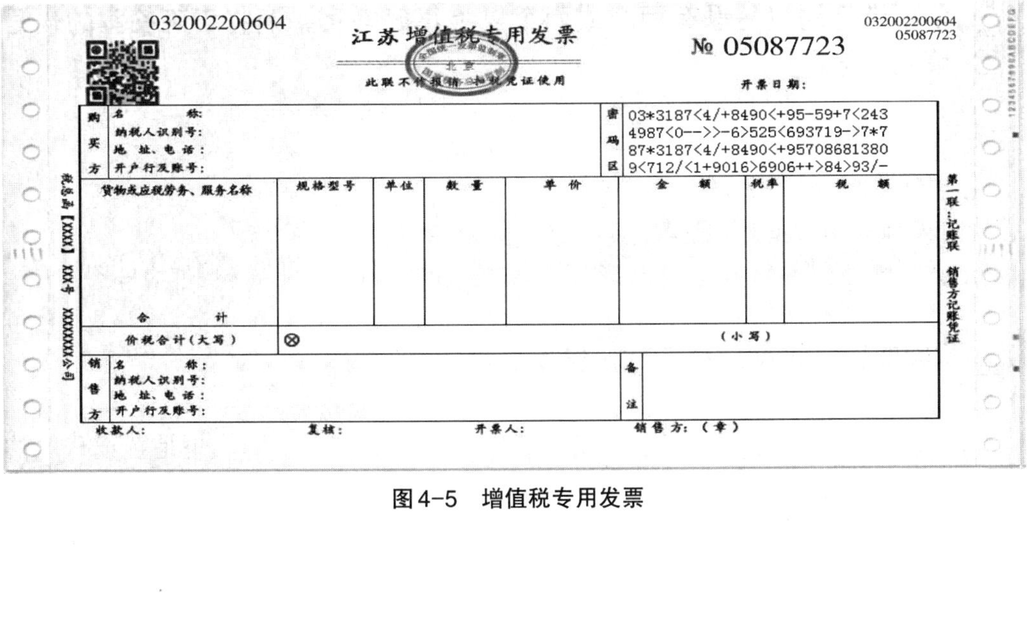
032002200604　江苏增值税专用发票　№ 05087723　032002200604 05087723
此联不作报销、扣税凭证使用　开票日期:
购买方　名称:　纳税人识别号:　地址、电话:　开户行及账号:
密码区　03*3187<4/+8490<+95-59+7<243
4987<0-->>-6>525<693719->7*7
87*3187<4/+8490<+95708681380
9<712/<1+9016>6906++>84>93/-
货物或应税劳务、服务名称　规格型号　单位　数量　单价　金额　税率　税额
合　计
价税合计（大写）　⊗　（小写）
销售方　名称:　纳税人识别号:　地址、电话:　开户行及账号:　备注
收款人:　复核:　开票人:　销售方:（章）
第一联：记账联　销售方记账凭证

图4-5　增值税专用发票

任务3 认知记账凭证

术语释义

1. 记账凭证
2. 复式记账凭证
3. 单式记账凭证

填空题

1. 记账凭证按用途可分为_____和_____；按填制方式可分为_____和_____。

2. 专用记账凭证按其所反映的经济业务是否与库存现金和银行存款有关，通常可以分为_____、_____和_____三种。

单项选择题（每题有一个正确答案，请将正确答案的代号填入括号中）

1. 企业在日常业务中，不会使用（　　　）。
A. 收款凭证　　　　　B. 付款凭证　　　　　C. 转账凭证　　　　　D. 单式记账凭证
2. 适合于所有经济业务的记账凭证是（　　　）。
A. 专用记账凭证　　　B. 通用记账凭证　　　C. 转账凭证　　　　　D. 单式记账凭证

多项选择题（每题有两个或两个以上正确答案，请将正确答案的代号填入括号中）

1. 下列项目中，属于原始凭证和记账凭证共同具备的基本内容的有（　　　）。
A. 凭证的名称及编号　　　　　　　　B. 填制凭证的日期
C. 填制及接收单位的名称　　　　　　D. 有关人员的签章
2. 下列项目中，属于记账凭证具备的基本内容的有（　　　）。
A. 会计科目　　　B. 应记金额　　　C. 填制日期　　　D. 凭证编号

判断题（正确的打"√"，错误的打"×"）

1. 记账凭证既是记录经济业务发生或完成情况的书面证明，也是登记账簿的依据。（　　　）
2. 记账凭证可以作为登记账簿的直接依据，原始凭证则不能作为登记账簿的

依据。　　　　　　　　　　　　　　　　　　　　　　　　　　　　　　（　　　）

3.转账凭证只记录与库存现金、银行存款收付无关的经济业务。　　（　　　）

实训题

【实训目的】通过实训，使学生掌握记账凭证的基本内容及填制方法。

【实训资料】某公司2023年5月份发生的部分经济业务所编制的记账凭证如下：

1.记账凭证，如图4-6所示。

图4-6　记账凭证

2.库存现金收款凭证，如图4-7所示。

图4-7　库存现金收款凭证

3.银行存款收款凭证，如图4-8所示。

收款凭证

借方科目：**银行存款**   2023年**05**月**07**日   银收字第**001**号

摘　要	贷方科目		记账	金额
	总账科目	明细科目		千百十万千百十元角分
收到购货方预付款	预收账款	大明公司	☐	5 0 0 0 0 0 0
			☐	
			☐	
			☐	
			☐	
			☐	
合计			☐	￥5 0 0 0 0 0 0

附单据 1 张

会计主管：   记账：   出纳：王海   复核：   制单：王海

图4-8　银行存款收款凭证

4.库存现金付款凭证，如图4-9所示。

付款凭证

贷方科目：**库存现金**   2023年**05**月**13**日   现付字第**002**号

摘　要	借方科目		记账	金额
	总账科目	明细科目		千百十万千百十元角分
预借差旅费	其他应收款	李玲	☐	4 5 0 0 0
			☐	
			☐	
			☐	
			☐	
			☐	
合计			☐	￥4 5 0 0 0

附单据 1 张

会计主管：   记账：   出纳：王海   复核：   制单：王海

图4-9　库存现金付款凭证

5.银行存款付款凭证，如图4-10所示。

付款凭证

贷方科目：**银行存款**　　　　2023 年 **05** 月 **18** 日　　　　银付字第 **002** 号

摘　要	借方科目		记账	金额 千百十万千百十元角分
	总账科目	明细科目		
预付货款	预付账款	祥源化工原料厂	☐	2 5 0 0 0 0 0 0
			☐	
			☐	
			☐	
			☐	
			☐	
			☐	
合计			☐	¥ 2 5 0 0 0 0 0 0

附单据 2 张

会计主管：　　记账：　　出纳：**王海**　　复核：　　制单：**王海**

图4-10　银行存款付款凭证

6.转账凭证，如图4-11所示。

转账凭证

转字第 **094** 号

2023 年 **05** 月 **20** 日

摘　要	总账科目	明细科目	借方金额 亿千百十万千百十元角分	贷方金额 亿千百十万千百十元角分	√
采购原材料	原材料	钢丝	5 0 0 0 0 0		☐
	应交税费	应交增值税(进项税额)	6 5 0 0 0		☐
	应付账款	南京长征公司		5 6 5 0 0 0	☐
					☐
					☐
					☐
合　计			¥ 5 6 5 0 0 0	¥ 5 6 5 0 0 0	☐

附单据 1 张

会计主管：　　记账：　　出纳：　　复核：　　制单：**崔亮**

图4-11　转账凭证

【实训要求】识别上述记账凭证所反映的经济业务内容。

任务4 编制与审核记账凭证

术语释义

1. 收款凭证
2. 付款凭证
3. 转账凭证

填空题

1. 记账凭证是根据_____编制的。
2. 记账凭证审核的主要内容有_____、_____、_____、_____、_____和_____。

单项选择题（每题有一个正确答案，请将正确答案的代号填入括号中）

1. 编制记账凭证时，不记录下列（　　）项。

A.购货数量　　　　B.购货金额　　　　C.凭证编号　　　　D.会计科目

2. 编制转账凭证时，不会涉及（　　）会计科目。

A.原材料　　　　B.银行存款　　　　C.本年利润　　　　D.制造费用

多项选择题（每题有两个或两个以上正确答案，请将正确答案的代号填入括号中）

1. 黎明为公司业务员，出差回来报销差旅费1 600元，原预借1 500元，出纳补付现金100元。这笔业务应该编制的记账凭证有（　　）。

A.付凭证　　　　B.收款凭证　　　　C.转账凭证　　　　D.记账凭证汇总表

2. 涉及库存现金与银行存款之间的划款业务时，可以编制的记账凭证有（　　）。

A.银行存款收款凭证　　　　　　　B.银行存款付款凭证

C.库存现金收款凭证　　　　　　　D.库存现金付款凭证

3. 记账凭证填制以后，必须有专人审核，下列各项中属于其审核的主要内容的有（　　）。

A.会计科目是否正确　　　　　　　B.金额是否正确

C.书写是否规范　　　　　　　　　D.手续是否完备

判断题（正确的打“√”，错误的打“×”）

1. 除结账和更正错账可以不附原始凭证外，其他记账凭证必须附有原始凭证。（　）

2. 编制记账凭证时若发生错误，应当重新编制。（　）

3. 记账凭证编制完成后，如有空行，应当自金额栏最后一笔金额数字下的空行处至合计数上的空行处划线注销。（　）

4. 在同一项经济业务中，当既有库存现金或银行存款的收、付业务，又有转账业务时，应相应地编制收款凭证、付款凭证和转账凭证。（　）

实训题

实训一

【实训目的】通过实训，使学生掌握记账凭证的编制。

【实训资料】

1.2023年7月11日，北京南方股份有限公司的生产车间从仓库领用一批材料用于生产垃圾桶，根据原始单据填写通用记账凭证（凭证编号：019；制单：孟军）。附原始单据：领料单，如图4-12所示。

领　料　单

领料部门：生产车间

用　途：生产垃圾桶　　2023 年 07 月 11 日　　01 第 037 号

材料			单位	数量		成本									
						单价	总价								
编号	名称	规格		请领	实发		百	十	万	千	百	十	元	角	分
01	塑料	KY0045	千克	450.00	450.00	50.00			2	2	5	0	0	0	0
合计								¥	2	2	5	0	0	0	0

会计联

部门经理：范海清　　会计：王晨　　仓库：鲍成　　经办人：贺方兴

图4-12　领料单

2.2023年7月10日，北京化工有限公司职工王明报销差旅费之后归还借款余额340元，根据原始单据填写归还借款余额的凭证（凭证编号：022；制单：王海）。附原始单据：收款收据，如图4-13所示。

收 款 收 据　　NO.76768321

2023 年 07月 10日

今 收 到王明

交 来：预借差旅费余款　　现金收讫

金额（大写） 零拾 零万 零仟 叁佰 肆拾 零元 零角 零分

¥ 340.00　☑ 现金　☐ 支票　☐ 信用卡　☐ 其他　收款单位（盖章）

核准：　会计：　记账：　出纳：王新民　经手人：魏晓

第三联交财务

图4-13 收款收据

3.2023 年 7 月 18 日，北京化工有限公司办理进账。根据原始单据编制收款凭证（凭证编号：014；制单：崔亮）。附原始单据：进账单收账通知联，如图 4-14 所示。

交通银行 进账单（收账通知） 3

2023 年 07月 18日

出票人	全称	北京瑞鑫加工厂	收款人	全称	北京化工有限公司
	账号	1234312503221001220		账号	0200001009012136644121
	开户银行	中国工商银行北京支行		开户银行	交通银行北京分行
金额	人民币（大写）	伍万捌仟元整		亿千百十万千百十元角分	¥ 5 8 0 0 0 0 0
票据种类		票据张数			
票据号码					
复核　记账					收款人开户银行签章

交通银行北京分行 2023.07.18 转讫 (01)

此联是收款人开户银行交给收款人的收账通知

图4-14 进账单收账通知联

4.2023年4月10日，北京化工有限公司职工林建国预借差旅费，以现金支付，根据原始单据编制付款凭证（凭证编号：014；制单：王新明）。附原始单据：借款单，如图 4-15所示。

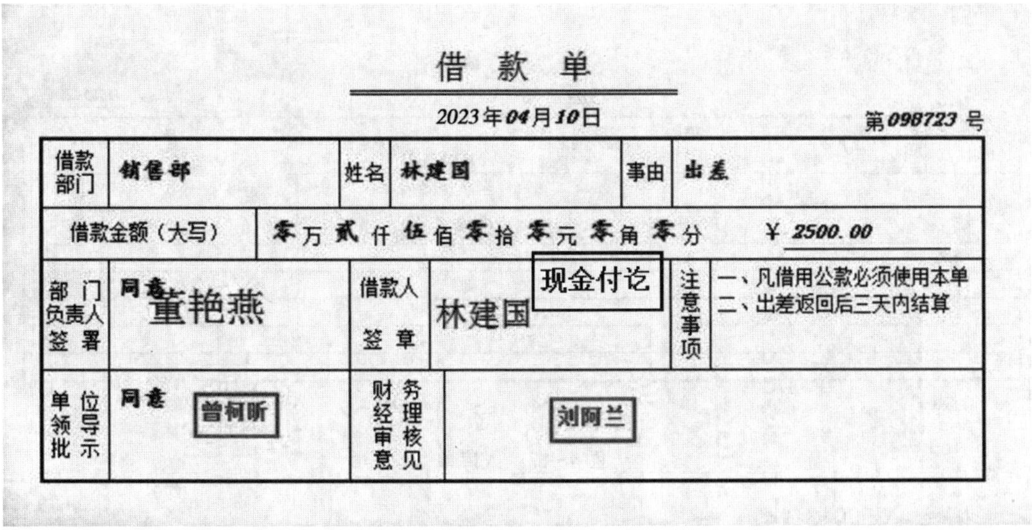

借 款 单

2023年04月10日　　第098723号

借款部门	销售部	姓名	林建国	事由	出差
借款金额（大写）	零万贰仟伍佰零拾零元零角零分　¥2500.00				
部门负责人签署	同意 董艳燕	借款人签章	林建国 现金付讫	注意事项	一、凡借用公款必须使用本单 二、出差返回后三天内结算
单位领导批示	同意 曾柯昕	财务经理审核意见	刘阿兰		

图4-15　借款单

5.2023年4月14日，德宝实业有限公司委托银行发放工资，根据原始单据编制付款凭证（凭证编号：081；制单：王新明）。附原始单据：转账支票存根，如图4-16所示。

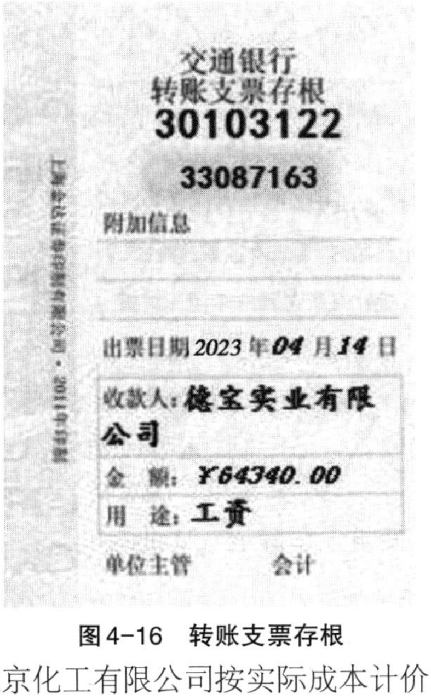

交通银行
转账支票存根
30103122
33087163
附加信息

出票日期2023年04月14日

收款人：德宝实业有限公司
金　额：¥64340.00
用　途：工资

单位主管　　会计

图4-16　转账支票存根

6.2023年7月15日，北京化工有限公司按实际成本计价法采购材料一批，已入库，款项尚未支付，请根据背景单据编制凭证（凭证编号：054；制单：崔亮）。附原始单据：入库单和增值税专用发票，如图4-17、图4-18所示。

入 库 单

2023 年 07 月 15 日

单号 41985425

交来单位及部门	福州市化工厂		发票号码或生产单号码	60972918		验收仓库	一号仓库		入库日期	2023.07.15	
编号	名称及规格	单位	数 量		实际价格		计 划 价格		价格差异	
			交库	实收	单价	金额	单价	金额		
01	丙酮	千克	500.00	500.00						
	合　计									

部门经理： 　　　会计： 　　　仓库：林凡 　　　经办人：董华

图4-17　入库单

图4-18　增值税专用发票

【实训要求】根据提供的原始凭证编制相应的记账凭证。

实训二

【实训目的】通过实训，使学生掌握记账凭证的审核。

【实训资料】

1.2023年5月20日，北京南方股份有限公司一车间领用机物料，经复核，原记账凭证错误，由制单员重新编制一张正确的记账凭证，并经复核人员马明复核。原记账凭证（转账凭证）和领料单，如图4-19、图4-20所示。

转 账 凭 证

转字第 020 号

2023年05月20日

摘要	总账科目	明细科目	借方金额（亿千百十万千百十元角分）	贷方金额（亿千百十万千百十元角分）	√
领用材料	生产成本	一车间	12800		
	原材料	机物料		12800	
合		计	¥12800	¥12800	

附单据 1 张

会计主管： 记账： 出纳： 复核： 制单：王海

图4-19 原记账凭证（转账凭证）

领 料 单

领料部门：一车间

用 途：清洗设备 2023 年 05 月 20 日 05第 45 号

材料 编号	材料 名称	材料 规格	单位	数量 请领	数量 实发	成本 单价	成本 总价（百十万千百十元角分）
008	机物料		千克	5.00	5.00	25.60	12800
合计							¥12800

会计联

部门经理：郭聪 会计：张文 仓库：苏海丽 经办人：李蓉

图4-20 领料单

2.2023年5月20日，北京南方股份有限公司偿还上月购料款，经复核，原记账凭证错误，由制单员重新编制一张正确的记账凭证，并经复核人员马明复核。原记账凭证（付款凭证）和银行电汇凭证，如图4-21、图4-22所示。

付款凭证

贷方科目：银行存款　　　　2023年 05月 20日　　　　银付字第 007 号

摘要	借方科目		记账	金额
	总账科目	明细科目		千百十万千百十元角分
偿还上月购料款	应付账款	上海光华公司	☐	3 8 6 7 5 0 0
			☐	
			☐	
			☐	
			☐	
			☐	
合计			☐	￥3 8 6 7 5 0 0

附单据 1 张

会计主管：　　记账：　　出纳：　　复核：　　制单：崔亮

图4-21　原记账凭证（付款凭证）

交通银行 电汇凭证（回单）　　1

☐普通　☐加急　　委托日期 2023年 05月 20日

汇款人	全称	北京南方股份有限公司	收款人	全称	上海光华公司
	账号	11000760904870809101		账号	298438635412572404
	汇出地点	省　市/县		汇入地点	省　市/县
	汇出行名称	交通银行北京分行		汇入行名称	交通银行上海分行

交通银行 北京分行　2023.05.20　转讫（01）

金额 人民币（大写）　叁万陆仟捌佰柒拾伍元整

亿千百十万千百十元角分
￥3 8 6 7 5 0 0

支付密码　　附加信息及用途：

此联汇出行给汇款人的回单

汇出行签章　　复核：　　记账：

图4-22　银行电汇凭证

3.2023年2月1日，北京南方股份有限公司从银行提取现金，以备零星开支。经复核，原记账凭证错误，由制单员重新编制一张正确的记账凭证，并经复核人员马明复核。原记账凭证（付款凭证）和现金支票存根，如图4-23、图4-24所示。

付款凭证

货方科目：**库存现金**　　　　　　　2023 年 02 月 01 日　　　　　　　银付字第 009 号

摘 要	借方科目		记账	金 额
	总账科目	明细科目		千 百 十 万 千 百 十 元 角 分
提取现金	银行存款		☐	1 0 0 0 0 0
			☐	
			☐	
			☐	
			☐	
			☐	
			☐	
合计			☐	￥ 1 0 0 0 0 0

附单据 1 张

会计主管：　　　记账：　　　出纳：　　　复核：　　　制单：王海

图 4-23　原记账凭证（付款凭证）

交通银行
现金支票存根
30101112
23093254

附加信息

_____

出票日期 2023 年 02 月 01 日

收款人：**北京南方股份有限公司**

金 额：**￥1000.00**

用 途：**备用金**

单位主管　　　会计

图 4-24　现金支票存根

4.2023 年 5 月 20 日，北京南方股份有限公司收到出借包装物押金。经复核，原记账凭证错误，由制单员重新编制一张正确的记账凭证，并经复核人员马明复核。原记账凭证（收款凭证）和收款收据，如图 4-25、图 4-26 所示。

收 款 凭 证

借方科目：**库存现金**　　　　　　　2023年 *05*月 *20*日　　　　　　　现收字第 **009** 号

摘　　要	贷方科目		记账	金　　额									
	总账科目	明细科目		千	百	十	万	千	百	十	元	角	分
收到出借包装物押金	**其他业务收入**	上海光华公司	☐					5	0	0	0	0	
			☐										
			☐										
			☐										
			☐										
			☐										
合计			☐					￥	5	0	0	0	0

附单据 **1** 张

会计主管：　　记账：　　出纳：　　复核：　　制单：王海

图 4-25　原记账凭证（收款凭证）

收 款 收 据　　　NO.76768321

2023年 *05*月 *20*日

今　收　到上海光华公司

交　来：包装物押金　　　　现金收讫

金额（大写）　零拾　零万　零仟　伍佰　零拾　零元　零角　零分

￥ *500.00*　　☑现金　☐支票　☐信用卡　☐其他　　收款单位（盖章）

核准：　　会计：　　记账：　　出纳：马峰　　经手人：马峰

第三联交财务

图 4-26　收款收据

【实训要求】审核上述记账凭证错误之处，并重新编制正确的记账凭证。

任务5　整理、装订和保管会计凭证

术语释义

1. 会计凭证的传递

2. 会计凭证的保管

填空题

1. 会计凭证的传递具体包括＿＿＿＿＿＿和＿＿＿＿＿＿。
2. 在装订记账凭证时应对其＿＿＿＿＿＿进行必要的整理加工。

单项选择题（每题有一个正确答案，请将正确答案的代号填入括号中）

1. 关于会计凭证的传递，下列说法不正确的是（　　　）。
A. 传递程序合理有效　　　　　　　　B. 节约传递时间
C. 增加传递工作量　　　　　　　　　D. 满足内部控制制度要求
2. 关于会计凭证的保管，下列说法不正确的是（　　　）。
A. 会计凭证应定期装订成册，防止散失
B. 会计凭证应加贴封条，防止抽换凭证
C. 原始凭证较多时可单独装订
D. 会计凭证保管期满前可以销毁

多项选择题（每题有两个或两个以上正确答案，请将正确答案的代号填入括号中）

1. 装订成册的会计凭证必须加盖封面，封面上应注明（　　　）。
A. 单位名称、年度、月份和起讫日期
B. 凭证种类、起讫号码
C. 装订人在装订线封签处签名或者盖章
D. 单位领导在装订线封签处签名或者盖章
2. 下列（　　　），属于会计凭证装订成册的方法。
A. 整理记账凭证，摘掉凭证上的大头针等杂物，并将记账凭证按编号顺序码放
B. 将记账凭证汇总表、银行存款余额调节表放在最前面，并放上封面、封底
C. 在码放整齐的记账凭证左上角放一张8厘米×8厘米大小的包角纸
D. 用绳穿绕扎紧

判断题（正确的打"√"，错误的打"×"）

1. 会计凭证的传递应当满足内部控制制度的要求，使传递程序合理有效，同时尽量节约传递时间，减少传递的工作量。（　　　）
2. 凭证装订是指将整理完毕的会计凭证加上封面和封底，装订成册，并在装订线上加贴封签的一系列工作。（　　　）

3.装订成册的会计凭证必须加盖封面,封面上应注明单位名称、年度、月份和起讫日期、凭证种类、起讫号码,由装订人在装订线封签处签名或者盖章。 (　　)

4.会计凭证可以跨月装订。 (　　)

项目五　处理基本业务·完成会计核算

术语释义

1. 建账
2. 会计政策

填空题

1. 建账基准日应以公司成立日，即_____或_____为准。
2. 大型企业适用的所得税税率为_____。

单项选择题（每题有一个正确答案，请将正确答案的代号填入括号中）

1. 如果公司设立之日是在月度中的某一天，一般以（　　）作为建账基准日。
A.本月月初　　　　　　　　　　B.本月月末
C.下月月初　　　　　　　　　　D.下月月末
2. 一般纳税人企业购销货物所承担运费取得运输费专用发票，增值税税率一般为（　　）。
A.3%　　　　　　B.6%　　　　　　C.9%　　　　　　D.13%

多项选择题（每题有两个或两个以上正确答案，请将正确答案的代号填入括号中）

1. 下列（　　）属于应付职工薪酬明细项目。
A.工资　　　　　　　　　　　　B.养老保险
C.住房公积金　　　　　　　　　D.交通费
2. 下列（　　）属于应交税费明细项目。
A.未交增值税　　　　　　　　　B.应交企业所得税
C.应交个人所得税　　　　　　　D.应交增值税

判断题（正确的打"√"，错误的打"×"）

1. 由于支付借款利息与计提借款利息费用的时间不一致，可能会导致"应付利息"账户期末有余额。 （ ）
2. 企业负担的住房公积金属于应付职工薪酬核算内容。 （ ）

实训题

【实训目的】 建账。

【实训资料】

（一）企业基本情况

1. 名称：南京丽华有限公司。
2. 性质：有限责任公司。
3. 地址：江苏省南京市东方大道9号。
4. 纳税人识别号：9132010009175 9645R。
5. 开户银行：①中国工商银行南京开发区支行，人民币基本账户为309299403869；人民币结算账户为308468201232。②中国建设银行南京工农路支行，人民币结算账户为622972129343。
6. 公司法人代表（董事长）：李晓伟。
7. 公司总经理：吴新。
8. 公司财务负责人：陆羽；会计：秦好；出纳：吴思。
9. 公司下设部门：总经理办公室、财务部、采购部、销售部、加工车间和包装车间。公司员工共计100人，主要生产T808和G909两种产品。生产1吨T808产品耗用A222原料1吨和B222原料2 500只；生产1吨G909产品耗用A333原料1吨和B333原料1 000只。

（二）主要会计政策及相关说明

1.公司为一般纳税人，执行《企业会计准则》，按月采用科目汇总表核算形式。

2.存货按实际成本核算；材料采购发生的共同采购费用按材料重量比例进行分配；存货出库按先进先出法计算成本；周转材料价值摊销采用一次摊销法；产品成本设置直接材料、直接人工、制造费用三个项目；工资及"五险一金"（计提比例，见表5-1）的分配采用工时比例法；制造费用按生产工时比例在各种产品之间分配；生产费用在完工产品与在产品之间的分配采用定额成本法。

3.固定资产折旧采用直线法，净残值率4%，折旧年限分别为房屋建筑物20年、机器设备10年、运输工具8年、电子设备3年，折旧率保留6位小数。

4.水电费摊销分配率保留5位小数。

5.公司每月末按实际占用天数计算提取贷款的利息支出；银行于每月20日收取其发放贷款的利息。

表5-1　　　　　　　　　　　　　　"五险一金"计提比例

项目\对象	养老保险	医疗保险		失业保险	工伤保险	生育保险	住房公积金
		基本医疗	大病救助				
公司承担比例	20%	9%		1.5%	0.5%	0.8%	10%
个人承担比例	8%	2%	10元/月	0.5%			10%

6.公司计提的职工教育经费及工会经费的比例分别为2.5%和2%。

7.公司适用的增值税税率为13%；城市维护建设税税率为7%；教育费附加征收率为3%，地方教育附加征收率为2%；企业所得税税率为25%，月度按照实际利润额计算预缴企业所得税（不考虑纳税调整）。

8.公司社会保险费、税款申报方式采用网上申报，扣款账户均为公司工商银行基本账户：309299403869。

9.公司2023年1—11月净利润为690 230.52元。

（三）2023年11月末南京丽华有限公司有关总分类账和明细分类账的余额（见表5-2）

表5-2　　　　　　　南京丽华有限公司有关总分类账和明细分类账的余额

2023年11月30日　　　　　　　　　　　　　　单位：元

总账账户	明细账账户	借方余额	贷方余额
库存现金		6 901.80	
银行存款		1 636 839.42	
	基本账户——工商银行309299403869	1 521 405.15	
	结算账户——建设银行622972129343	115 434.27	
其他货币资金			
	结算账户——工商银行308468201232	89 500.00	
应收账款		868 000.00	
	南京硕飞有限公司	80 000.00	
	苏州市信诺有限公司	368 000.00	
	南京市新旺公司	420 000.00	
预付账款		65 030.00	
	南京供电公司	63 750.00	
	汽车保险费	1 200.00	
	报纸杂志费	80.00	
其他应收款			

续表

总账账户	明细账账户	借方余额	贷方余额
	张华	2 500.00	
原材料		569 400.00	
	A222（11吨）	264 000.00	
	A333（10吨）	300 000.00	
	B222（10 000只）	2 400.00	
	B333（6 000只）	3 000.00	
周转材料		8 000.00	
	手套（1 000副）	3 000.00	
	工作服（200件）	5 000.00	
库存商品		1 470 000.00	
	T808（20吨）	720 000.00	
	G909（15吨）	750 000.00	
生产成本		61 990.00	
	T808（直接材料：18 600元；直接人工：5 520元；制造费用：1 660元）	25 780.00	
	G909（直接材料：24 600元；直接人工：8 650元；制造费用：2 960元）	36 210.00	
固定资产		6 697 400.00	
累计折旧			2 306 757.23
在建工程			
	仓库新建工程	764 000.00	
短期借款			
	中国建设银行（2023年11月1日取得，期限3个月，年利率5.40%）		1 750 000.00
应付账款			434 500.00
	江阴市瑞禾公司		300 000.00
	张家港市丰登有限公司		108 000.00
	南京长青有限公司		26 500.00

续表

总账账户	明细账账户	借方余额	贷方余额
预收账款			145 800.00
	南京苏丰公司		86 800.00
	泰州市新颖公司		59 000.00
应交税费			117 880.00
	未交增值税		56 000.00
	应交城市维护建设税		3 920.00
	应交教育费附加		1 680.00
	应交地方教育附加		1 120.00
	应交个人所得税		500.00
	应交企业所得税		54 660.00
应付职工薪酬			288 576.75
	工资		197 250.00
	设定提存计划——养老保险		39 450.00
	社会保险费——医疗保险		17 752.50
	设定提存计划——失业保险		2 958.75
	社会保险费——工伤保险		986.25
	社会保险费——生育保险		1 578.00
	住房公积金		19 725.00
	职工教育经费		4 931.25
	工会经费		3 945.00
其他应付款			41 436.25
	设定提存计划——养老保险		15 780.00
	社会保险费——医疗保险		4 945.00
	设定提存计划——失业保险		986.25
	住房公积金		19 725.00
应付利息			
	中国建设银行		2 625.00

总账账户	明细账账户	借方余额	贷方余额
实收资本			5 600 000.00
	南京华山有限公司		4 200 000.00
	南京市君盛公司		1 400 000.00
盈余公积			82 545.76
本年利润			690 230.52
利润分配			779 209.71
	未分配利润		779 209.71
合　计		12 239 561.22	12 239 561.22

【实训要求】

根据以上资料建立相关账簿。

任务2　核算企业筹资阶段业务

术语释义

筹资阶段

填空题

1. 制造业企业的经营活动主要包括_____阶段、_____阶段、_____阶段、_____阶段、_____阶段。

2. 一般情况下，公司经营活动的起点是_____。

3. 企业的筹资业务按其资金来源通常分为_____和_____。

4. "固定资产"账户属于_____账户，借方登记固定资产_____；贷方登记固定资产_____。

5. "短期借款"账户属于_____账户，_____登记借入的短期借款本金；_____登记偿还的短期借款本金。

6. 筹资业务核算的主要内容包括_____、_____、_____、_____等。

单项选择题（每题有一个正确答案，请将正确答案的代号填入括号中）

1.企业收到投资者投入的其在注册资本中所占份额时，应贷记（　　）账户。

A.本年利润　　　　　B.实收资本　　　　　C.资本公积　　　　　D.盈余公积

2."银行存款"账户，借方登记银行存款（　　）。

A.增加额　　　　　　B.减少额　　　　　　C.期初余额　　　　　D.期末余额

3."实收资本"账户属于（　　）类账户。

A.资产　　　　　　　B.负债　　　　　　　C.所有者权益　　　　D.损益

4."长期借款"账户属于（　　）类账户。

A.资产　　　　　　　B.负债　　　　　　　C.所有者权益　　　　D.损益

5.投资者投入的超过注册资本或者股本的金额应计入（　　）。

A.营业外收入　　　　B.实收资本　　　　　C.盈余公积　　　　　D.资本公积

6.企业增加实收资本的途径不包括（　　）。

A.资本公积转增资本　　　　　　　　B.接受现金资产捐赠

C.所有者投入资本　　　　　　　　　D.盈余公积转增资本

多项选择题（每题有两个或两个以上正确答案，请将正确答案的代号填入括号中）

1.企业接受货币资金投资100万元，将引起（　　）。

A.资产增加100万元　　　　　　　　B.所有者权益增加100万元

C.负债增加100万元　　　　　　　　D.损益增加100万元

2.企业取得短期借款50万元存入银行，将引起（　　）。

A.资产增加50万元　　　　　　　　　B.所有者权益增加50万元

C.负债增加50万元　　　　　　　　　D.损益增加50万元

3.下列会计分录中，反映企业资金筹集业务的有（　　）。

A.借：银行存款　　　　　　　　　　B.借：固定资产

　　贷：实收资本　　　　　　　　　　　贷：银行存款

C.借：银行存款　　　　　　　　　　D.借：银行存款

　　贷：主营业务收入　　　　　　　　　贷：长期借款

判断题（正确的打"√"，错误的打"×"）

1.企业接受实物资产投资时，应借记"银行存款"账户，贷记"实收资本"账户。　　　　　　　　　　　　　　　　　　　　　　　　　　　　（　　）

2.企业取得长期借款存入银行账户，属于负债增加，所有者权益减少。（　　）

⚑ 实训题

【实训目的】 掌握企业筹资业务的核算。

【实训资料】 南京丽华有限公司2023年12月份发生下列筹资业务：

1.1日，向银行申请取得期限为6个月的短期借款500 000元，年利率5.40%。

2.12日，接受南京华山有限公司的不需安装的设备投资，取得的增值税专用发票上注明价款17 699.12元、增值税2 300.88元，本公司增加注册资本20 000元。

3.15日，接受南京市君盛公司的投资款400 000元，已存入银行。

【实训要求】

根据以上经济业务编制会计分录。

任务3 核算企业采购阶段业务

📖 术语释义

1. 采购阶段
2. 材料的采购成本

📖 填空题

1. _____阶段是制造业企业以货币资金购买各种原材料和固定资产，为进行产品生产而储备必要资产的阶段。

2. 外购材料的采购费用包括_____、_____以及_____。

3. 采购费用分配率=_____。

4. 某种材料应负担的采购费用=_____。

5. "在途物资"账户，属于_____账户，借方登记_____，贷方登记_____。

6. "原材料"账户，借方登记_____，贷方登记_____。

7. "应付票据"账户，贷方登记_____，借方登记_____。

🖊 单项选择题（每题有一个正确答案，请将正确答案的代号填入括号中）

1.采购员出差预借差旅费时，应借记"（   ）"账户。

A.其他应收款   B.管理费用   C.在途物资   D.其他应付款

2.采购员出差报销差旅费时，根据实际报销金额应借记"（   ）"账户。

A.其他应收款　　　　B.管理费用　　　　C.在途物资　　　　D.其他应付款

3.某一般纳税人企业从外地购进甲材料，买价4 000元，增值税进项税额520元，外地运费200元，增值税进项税额18元，采购人员差旅费300元，该材料的采购成本为（　　　）元。

A.4 000　　　　　B.4 200　　　　　C.4 218　　　　　D.4 500

4.某一般纳税人企业购入原材料一批，发票价款50 000元，增值税6 500元，运输途中合理损耗200元，入库前的挑选整理费用1 000元，该批材料的实际成本为（　　　）元。

A.50 000　　　　B.50 200　　　　C.51 000　　　　D.51 200

5.企业财务科收回职工的借款3 000元，应贷记"（　　　）"账户。

A.库存现金　　　　B.银行存款　　　　C.应收账款　　　　D.其他应收款

多项选择题（每题有两个或两个以上正确答案，请将正确答案的代号填入括号中）

1.材料采购成本包括（　　　）。

A.买价　　　　　　　　　　　　B.运费

C.购货折扣　　　　　　　　　　D.入库前的挑选整理费用

2."应交税费"账户，核算企业按照税法等规定计算应交纳的各种税费，包括（　　　）。

A.增值税　　　　B.资源税　　　　C.所得税　　　　D.教育费附加

3."管理费用"账户，核算企业发生的下列（　　　）。

A.业务招待费　　　　　　　　　B.行政管理部门职工薪酬

C.行政管理部门职工差旅费　　　D.企业在筹建期间内发生的开办费

4.某一般纳税人企业购入材料价款20 000元，增值税2 600元，已经验收入库，其中以银行存款支付2 600元，其余款项以银行承兑汇票支付。企业应进行的账务处理为（　　　）。

A.借记"原材料"账户20 000元　　B.借记"应交税费"账户2 600元

C.贷记"银行存款"账户2 600元　　D.贷记"应付票据"账户20 000元

判断题（正确的打"√"，错误的打"×"）

1.采购人员的差旅费应计入材料采购成本。　　　　　　　　　　　　（　　　）

2.从2019年4月1日开始，一般纳税人企业购销货物所承担的运费且取得运输费增值税专用发票的，适用9%的增值税税率。　　　　　　　　　　　　　　（　　　）

3.购入材料在运输途中发生的合理损耗应计入管理费用。　　　　　　（　　　）

4.一般纳税人企业在采购材料时支付的进项税额应构成材料的采购成本。（　　　）

实训题

【实训目的】 掌握企业采购业务的核算。

【实训资料】 南京丽华有限公司2023年12月份发生下列采购相关经济业务：

1.2日，以银行存款预付南京供电公司电费20 000元。

2.5日，购买不需要安装的机器设备一台，价格80 000元，增值税10 400元，款项以银行存款支付，设备投入生产车间使用。

3.6日，从银行基本户提取现金6 000元备用。

4.7日，采购员王晓林预借差旅费6 000元，出纳以现金付讫。

5.10日，从江阴市瑞禾公司购入A222材料4吨，单价23 800元，金额95 200元，增值税12 376元；A333材料3吨，单价29 800元，金额89 400元，增值税11 622元，并取得了增值税专用发票，款项以银行存款支付，材料未到。

6.12日，以银行存款支付A222材料、A333材料的运费1 400元，增值税126元，运费按购货重量分摊。

7.13日，从张家港市丰登有限公司购入B222材料，取得的增值税专用发票上注明数量4 000只，单价0.50元，价款2 000元，增值税260元，货物未到、款项未付。

8.14日，从南京长青有限公司购入手套500副，单价3元，金额1500元，增值税195元，手套验收入库，款项未付。

9.15日，从南京长青有限公司采购原材料，取得的增值税专用发票上注明B222材料45 000只，单价0.30元，金额13 500元，增值税1 755元；B333材料15 000只，单价0.60元，金额9 000元，增值税1 170元。款项未付，材料均已验收入库。

10.15日，从江阴市瑞禾公司购入的A222材料、A333材料验收入库。

11.20日，采购员出差归来报销差旅费5 800元，会计收回现金200元。

12.22日，从江阴市瑞禾公司购入A222材料，取得的增值税专用发票上注明数量20吨，单价24 000元，金额480 000元，增值税62 400元，材料未到。公司以面值500 000元的银行承兑汇票支付货款，余款以银行存款支付。

【实训要求】

根据以上经济业务编制会计分录。

任务4 核算企业生产阶段业务

术语释义

1. 产品成本的核算
2. 生产费用

3. 直接材料

4. 直接人工

5. 制造费用

📖 填空题

1. 制造费用分配率=_____。

2. 某种产品应负担的制造费用=_____。

3. 完工产品成本=月初在产品成本+_____－_____。

4. 产品生产业务主要内容有_____、_____、_____、_____等。

✍ 单项选择题（每题有一个正确答案，请将正确答案的代号填入括号中）

1. 下列关于"生产成本"账户的表述，正确的是（　　　）。

A. "生产成本"账户期末肯定无余额

B. "生产成本"账户期末若有余额，肯定在借方

C. "生产成本"账户的余额表示已完工产品的成本

D. "生产成本"账户的余额表示本期发生的生产费用总额

2. 下列关于"累计折旧"账户的表述，正确的是（　　　）。

A. "累计折旧"账户属于负债类账户

B. "累计折旧"账户是"实收资本"账户的调整账户

C. "累计折旧"账户的贷方登记折旧的增加额

D. "累计折旧"账户的贷方登记折旧的减少额

3. 应记入"销售费用"账户的有（　　　）。

A. 车间领用一般消耗性材料　　　　　B. 企业经理报销的会议费用

C. 行政管理人员的工资　　　　　　　D. 企业的产品广告费用

4. 企业缴纳代扣的职工住房公积金时，应借记"（　　　）"账户。

A. 其他应付款　　　　　　　　　　　B. 应交税费

C. 应付职工薪酬　　　　　　　　　　D. 银行存款

5. 产品生产成本不包括（　　　）。

A. 直接人工　　　B. 直接材料　　　C. 制造费用　　　D. 销售费用

6. 某企业第一生产车间生产 A、B 两种产品，本月发生制造费用 36 000 元，要求按照生产工人的工资比例分配制造费用。若本月 A 产品生产工人工资为 120 000 元，B 产品生产工人工资为 60 000 元，则 B 产品应负担的制造费用为（　　　）元。

A. 12 000　　　　　B. 24 000　　　　　C. 36 000　　　　　D. 60 000

7. 某企业月初 A 产品在产品成本为 58 000 元，本月为生产 A 产品投入生产费用 300 000 元，月末在产品成本为 78 000 元，则本月完工入库 A 产品成本为（　　　）元。

A. 280 000　　　　　B. 300 000　　　　　C. 320 000　　　　　D. 358 000

8.企业生产车间发生的固定资产修理费作为（　　）处理。

A.制造费用　　　　B.生产成本　　　　C.管理费用　　　　D.固定资产

9.企业缴纳企业负担的社会保险费时，应借记"（　　）"账户。

A.其他应付款　　　B.应交税费　　　C.应付职工薪酬　　　D.银行存款

多项选择题（每题有两个或两个以上正确答案，请将正确答案的代号填入括号中）

1.下列费用中，应记入"制造费用"账户的有（　　）。

A.生产工人工资　　　　　　　　B.车间管理人员工资

C.生产工人的职工福利　　　　　D.车间管理人员的职工福利

2.下列费用中，应记入"生产成本"账户的有（　　）。

A.生产工人工资　　　　　　　　B.车间管理人员工资

C.生产工人的职工福利　　　　　D.车间管理人员的职工福利

3.发出材料的核算中可能记入的科目有（　　）。

A.生产成本　　　　　　　　　　B.制造费用

C.管理费用　　　　　　　　　　D.其他业务成本

4.下列各项中，不应计入企业产品成本的有（　　）。

A.车间领用原材料

B.行政管理部门使用的固定资产计提折旧

C.车间管理人员的高温补贴

D.产品展销费用

5.企业在生产经营过程中，所发生的直接费用主要包括（　　）。

A.直接材料

B.各项制造费用

C.直接从事产品生产的职工薪酬

D.生产车间使用固定资产计提的折旧费

判断题（正确的打"√"，错误的打"×"）

1.期末，应将"制造费用"账户的本期发生额合计数转入"库存商品"账户。（　　）

2."销售费用""制造费用"账户都属于成本类账户。（　　）

3."生产成本"账户的借方登记本期应计入产品成本的各项费用，贷方登记完工入库产品的生产成本，期末如有余额在借方，表示尚未完工产品的成本。（　　）

4.费用是资产的耗费，它与一定的会计期间相联系，而与生产哪一种产品无关。（　　）

实训题

【实训目的】 掌握企业产品生产业务的核算。

【实训资料】 南京丽华有限公司2023年12月份发生下列有关产品生产的经济业务：

1.8日，以银行存款支付职工住房公积金39 450元，其中公司负担19 725元、个人负担19 725元。

2.8日，以银行存款支付职工保险费84 436.75元，其中企业负担养老保险39 450元、医疗保险17 752.50元、失业保险2 958.75元、工伤保险986.25元、生育保险1 578元；个人负担养老保险15 780元、医疗保险4 945元、失业保险986.25元。

3.8日，以银行存款支付税金及附加117 880元，其中增值税56 000元、城市维护建设税3 920元、教育费附加1 680元、地方教育附加1 120元、个人所得税500元、企业所得税54 660元。

4.10日，以银行存款支付职工工资197 250元。

5.10日，车间领用手套150副，金额450元；领用工作服80件，金额2 000元。

6.16日，生产T808产品领用A222材料12吨，金额288 000元；生产G909产品领用A333材料12吨，金额360 000元。

7.31日，生产T808产品领用B222材料30 000只，金额8 400元；生产G909产品领用B333材料12 000只，金额6 600元。

8.31日，分配工资250 000元，其中生产工人工资150 000元、车间管理人员工资18 000元、行政管理人员工资46 000元、专设销售机构人员工资36 000元。生产工人工资按生产工时（T808产品：1 200小时；G909产品：1 800小时）在生产的产品中分配。

9.31日，代扣个人社保费、住房公积金和个人所得税，其中养老保险20 000元、医疗保险6 000元、失业保险1 250元、住房公积金25 000元、个人所得税500元。

10.31日，计提"五险一金"104 500元（其中养老保险50 000元、医疗保险22 500元、失业保险3 750元、工伤保险1 250元、生育保险2 000元、住房公积金25 000元）、生产成本62 700元（其中T808产品25 080元、G909产品37 620元）、制造费用7 524元、管理费用19 228元和销售费用15 048元。

11.31日，以银行存款支付水费2 921.20元（含增值税241.20元）。生产车间耗用2 010元，厂部管理部门耗用670元。

12.31日，预付南京供电公司电费32 544元（含增值税3 744元），生产车间耗用27 000元，厂部管理部门耗用1 800元。

13.31日，计提折旧费49 239.60元，其中车间计提厂房折旧费8 000元，机器设备折旧费17 840元，空调、电脑折旧费5 280元；管理部门计提办公楼折旧费5 299.60元，汽车折旧费3 620元，空调、电脑折旧费8 000元；专设销售机构计提店面折旧费1 200元。

14.31日，按生产工时分配制造费用88 104元。

15.31日，T808产品完工验收入库，完工产品成本414 021.60元，月末在产品

25 780元；G909产品全部完工验收入库，总成本583 202.40元。

【实训要求】

根据以上经济业务编制会计分录。

任务5 核算企业销售阶段业务

术语释义

1. 产品销售成本
2. 销售费用

填空题

1. 某产品销售成本=_____。
2. 企业支付产品销售广告费，应记入"_____"账户。

单项选择题（每题有一个正确答案，请将正确答案的代号填入括号中）

1. 甲企业销售商品一批，增值税专用发票上注明的价款40万元，适用的增值税税率为13%，为购买方代垫运费3万元（含增值税），款项尚未收回。该企业确认的应收账款为（　　）万元。

　A.40　　　　　　　B.43　　　　　　　C.45.20　　　　　　　D.48.20

2. 在借贷记账法下，"预收账款"账户的余额（　　）。

　A.通常为零　　　　　　　　　　B.只能在借方

　C.只能在贷方　　　　　　　　　D.可能在借方也可能在贷方

3. 甲企业与乙企业签订产品销售合同，售价50 000元，增值税6 500元。乙企业先行预付全部款项的50%，余款交货后付清。甲企业收到乙企业补付欠款时，应借记"银行存款"账户，贷记"（　　）"账户。

　A.预付账款　　　B.预收账款　　　C.其他应收款　　　D.主营业务收入

4. 甲企业销售商品一批，增值税专用发票上注明的价款40 000元，适用的增值税税率为13%，销售过程中承担运费1 090元（含增值税90元）、装卸费290元。该企业确认的收入为（　　）元。

　A.40 000　　　　　　B.40 290　　　　　　C.41 090　　　　　　D.41 380

5. 下列属于制造业企业主营业务收入的是（　　）。

　A.材料销售收入　　　　　　　　B.提供无形资产使用权租金收入

　C.提供产品销售收入　　　　　　D.固定资产出租租金收入

多项选择题（每题有两个或两个以上正确答案，请将正确答案的代号填入括号中）

1.下列项目可以作为工业企业主营业务收入核算内容的有（　　）。

A.提供工业性劳务取得的收入　　　　　B.销售产品取得的收入

C.销售材料取得的收入　　　　　　　　D.购买国债取得的利息收入

2.下列项目可以作为工业企业其他业务收入核算内容的有（　　）。

A.提供运输劳务取得的收入　　　　　　B.处置固定资产取得的收入

C.销售材料取得的收入　　　　　　　　D.罚款收入

3.关于"应收账款"账户，下列说法正确的有（　　）。

A.核算企业销售商品、提供劳务等经营活动应收取的款项

B.核算因销售商品代购货单位垫付的运输费、保险费

C.借方余额反映企业尚未收回的应收账款

D.贷方余额反映企业预收的货款

4."税金及附加"账户，核算的税金有（　　）。

A.消费税　　　　　　　　　　　　　　B.增值税

C.城市维护建设税　　　　　　　　　　D.资源税

5.下列属于"销售费用"账户核算内容的有（　　）。

A.非专设销售机构的职工薪酬　　　　　B.销售产品过程中发生的运输费用

C.专设销售机构的折旧费　　　　　　　D.销售产品过程中发生的业务招待费

判断题（正确的打"√"，错误的打"×"）

1."主营业务收入"账户贷方登记因销售退回而冲减的销售收入和期末转入"本年利润"账户的数额。（　　）

2.产品销售成本就是已销产品的生产成本。（　　）

3."主营业务成本"账户借方登记因销售退回而冲减的销售成本和期末转入"本年利润"账户的已销售产品的生产成本。（　　）

4."应收票据"账户借方登记收到商业汇票的票面金额，贷方登记收回的票面金额。期末存在借方余额，反映企业持有的商业汇票的票面金额。（　　）

5.销售费用是指企业为组织和管理生产经营活动所发生的费用。（　　）

实训题

【实训目的】掌握企业销售业务的核算。

【实训资料】南京丽华有限公司2023年12月份发生下列相关销售经济业务：

1.3日，向南京苏丰公司销售T808产品1.8吨，开出增值税专用发票上注明的价款

90 000元，增值税销项税额11 700元，款项已预收。

2.8日，向江苏阳光公司销售T808产品8吨，开出增值税专用发票上注明的价款400 000元，增值税销项税额52 000元，款项未收。

3.14日，向扬州华星公司销售G909产品10吨，开出增值税专用发票上注明的价款650 000元，增值税销项税额84 500元，款项收存银行。

4.14日，委托南京快捷运输公司运输G909产品，承担的运输费4 000元，增值税进项税额360元，款项未付。

5.20日，向南京美玲公司销售多余的B222材料10 000只，单价0.50元，开出增值税专用发票上注明的价款5 000元，增值税销项税额650元，款项收存银行。

6.31日，结转产品销售成本，其中T808产品的销售成本为352 800元，G909产品的销售成本为500 000元。

7.31日，结转B222材料的销售成本3 000元。

8.31日，结转未交增值税41 899.92元，其中销项税额148 850元、进项税额106 950.08元。

9.31日，计提税金及附加，其中城市维护建设税2 932.99元、教育费附加1 257元、地方教育附加838元。

【实训要求】根据以上经济业务编制会计分录。

任务6　核算企业财务成果阶段业务

术语释义

1. 盈余公积
2. 营业外收入
3. 营业外支出

填空题

1. 营业利润=_____。
2. 利润总额=_____。
3. 所得税费用=_____×_____。
4. 净利润=_____。

单项选择题（每题有一个正确答案，请将正确答案的代号填入括号中）

1.下列各项业务中，不应通过"营业外收入"账户核算的有（　　）。

A.产品销售收入　　　　　　　　B.出售固定资产净收益

C.出售无形资产净收益　　　　　D.接受现金捐赠

2.下列属于"营业外支出"账户核算内容的有（　　　）。

A.行政管理人员薪酬　　　　　　B.业务招待费

C.借款的利息费用　　　　　　　D.公益性捐赠支出

3."所得税费用"账户的贷方登记（　　　）。

A.转入"本年利润"账户的所得税费用

B.实际缴纳的所得税费用

C.计提的所得税费用

D.转入"利润分配"账户的税费

4."借：本年利润，贷：利润分配"这笔会计分录反映的经济业务是（　　　）。

A.分配本年实现的净利润

B.结转全年发生的亏损

C.结转全年实现的净利润

D.将利润分配数转入"本年利润"账户

5.下列关于"本年利润"账户的表述，正确的是（　　　）。

A.借方登记转入的主营业务收入、营业外收入等金额

B.贷方登记转入的主营业务成本、营业外支出等金额

C.年度终了结账后，该账户无余额

D.全年的任何一个月末都不应有余额

6.利润分配结束后，"利润分配"总账所属的明细账中只有（　　　）可能有余额。

A.提取盈余公积　　　　　　　　B.盈余公积补亏

C.应付利润　　　　　　　　　　D.未分配利润

7.年末提取法定盈余公积的基数（假设企业不存在年初未弥补亏损）是（　　　）。

A.当年实现的净利润

B.当年实现的净利润+年初未分配利润

C.当年产生的净亏损

D.当年实现的净利润–当年向投资者分配的利润

8.取得交易性金融资产投资所发生的相关交易费用应当在发生时记入"（　　　）"账户。

A.投资成本　　　B.投资收益　　　C.营业外支出　　　D.财务费用

9.报经批准处理的盘亏存货在进行账务处理时，可能记入"（　　　）"账户。

A.财务费用　　　　　　　　　　B.销售费用

C.营业外支出　　　　　　　　　D.其他应付款

10.某企业以银行存款偿还到期的短期借款5 000元，同时支付已提借款利息300元。正确的会计分录是（　　　）。

A.借：短期借款　　5 300　　　B.借：应付账款　　5 300

　　贷：银行存款　　　5 300　　　　贷：银行存款　　　5 300

C.借：短期借款　　5 000　　　　　　D.借：短期借款　　5 000
　　应付利息　　　300　　　　　　　　财务费用　　　300
　　　贷：银行存款　　　5 300　　　　　　贷：银行存款　　　5 300

11.下列不属于财务成果的计算和处理的是（　　　）。

A.利润的计算　　　　　　　　　　　B.债权债务的结算

C.所得税的计算和缴纳　　　　　　　D.亏损弥补

多项选择题（每题有两个或两个以上正确答案，请将正确答案的代号填入括号中）

1.下列各项中，属于企业期间费用的有（　　　）。

A.固定资产修理费　　　　　　　　　B.诉讼费

C.车间管理人员薪酬　　　　　　　　D.教育费附加

2.下列税金应记入"税金及附加"账户的有（　　　）。

A.增值税　　　　B.房产税　　　　　C.印花税　　　　　D.城镇土地使用税

3.下列在"营业外收入"账户核算的有（　　　）。

A.接受捐赠收入　　　　　　　　　　B.购买国债取得的利息收入

C.处置非流动资产利得　　　　　　　D.转让无形资产使用权收入

4.下列影响净利润计算的因素有（　　　）。

A.所得税费用　　　B.营业外支出　　C.财务费用　　　　D.销售费用

5.企业实现的净利润可进行下列分配（　　　）。

A.计算缴纳所得税　　　　　　　　　B.计提盈余公积

C.向投资者分配利润　　　　　　　　D.对外捐赠

判断题（正确的打"√"，错误的打"×"）

1.计提短期借款利息时，应借记"财务费用"账户，贷记"短期借款"账户。　　　　　（　　　）

2.财务费用是指企业财务部门所发生的费用。　　　　（　　　）

3.工业企业发生的所有费用最终都要计入产品成本，以便正确计算企业利润总额。　　（　　　）

4.核算期间费用的各账户期末结转入"本年利润"账户后应无余额。　（　　　）

5."本年利润"账户的余额如果在借方，则表示自年初至本期末累计发生亏损数。　　（　　　）

6.企业本期应交所得税等于利润总额乘以所得税税率。　　（　　　）

7.年终结账后，"利润分配——未分配利润"账户的余额在借方表示尚未弥补的亏损。　（　　　）

8.年终结账后，"利润分配——未分配利润"账户的余额在贷方表示本期实现的净

利润。 （　　）

9. "投资收益"账户贷方登记确认的各类投资收益，借方登记确认的各类投资损失以及期末转入"本年利润"账户的数额。 （　　）

10. "盈余公积"账户贷方登记盈余公积的提取数额，借方登记用盈余公积弥补亏损、转增注册资本的数额。 （　　）

11. 企业以前年度亏损未弥补完，不能提取盈余公积。 （　　）

实训题

【**实训目的**】掌握企业利润业务的核算。

【**实训资料**】南京丽华有限公司2023年12月份发生下列有关利润经济业务：

1.4日，购买五粮液股份公司股票3 000股，单价18元，交易费用300元，以银行存款支付，该投资准备随时变现。

2.10日，以银行存款支付业务招待费（餐费）2 000元。

3.16日，以银行存款支付搬运费3 000元，取得普通发票。

4.19日，收到现金罚款200元。

5.20日，以银行存款支付捐款30 000元。

6.20日，五粮液股份公司宣告发放现金股利，确认股利收入1 200元。

7.21日，以银行存款支付短期借款利息9 375元（利息已预提）。

8.23日，以银行存款支付设备维修费2 000元，取得普通发票。

9.25日，收到五粮液股份公司发放现金股利1 200元。

10.27日，出售五粮液股份公司股票3 000股，获得净收入60 000元。

11.31日，计提职工教育经费6 250元、工会经费5 000元。

12.31日，摊销报纸杂志费80元、汽车保险费1 525元。

13.31日，计提本月短期借款利息费用10 125元。

14.31日，将主营业务收入1 140 000元、其他业务收入5 000元、投资收益6 900元，转入"本年利润"账户。

15.31日，将主营业务成本852 800元、税金及附加5 027.99元、其他业务成本3 000元、管理费用110 272.60元、销售费用56 248元，财务费用10 125元、营业外支出30 000元，营业外收入200元转入"本年利润"账户。

16.31日，计提所得税费用21 156.60元。

17.31日，结转所得税费用。

18.31日，结转全年净利润753 700.33元。

19.31日，计提法定盈余公积75 370.03元。

20.31日，结转除未分配利润以外的利润。

【**实训要求**】根据以上经济业务编制会计分录。

项目六　登记会计账簿·认知对账结账

任务1　识别会计账簿

术语释义

1. 会计账簿
2. 序时账簿
3. 分类账簿
4. 备查账簿

填空题

1. 账簿按用途可分为_____、_____、_____。
2. 特种日记账是对某一特定种类的经济业务按其发生时间的先后顺序逐日、逐笔登记的账簿，实务中主要有_____和_____。
3. 账簿按账页格式可分为_____、_____、_____、_____、_____。
4. 账簿按外形特征可分为_____、_____、_____。

单项选择题（每题有一个正确答案，请将正确答案的代号填入括号中）

1. 用以总括反映经济业务，对明细账具有统御和控制作用的账簿是（　　）。
A. 总账　　　　　　　　B. 日记账　　　　　　　　C. 明细账　　　　　　　　D. 备查账
2. 用来提供明细核算资料，是对总账的补充和说明的账簿是（　　）。
A. 总账　　　　　　　　B. 订本账　　　　　　　　C. 明细账　　　　　　　　D. 备查账
3. 在账簿的两个金额栏目（借方和贷方）内，按需要分设若干专栏的账簿是（　　）。
A. 三栏式账簿　　　　　　　　　　　　B. 多栏式账簿
C. 数量金额式账簿　　　　　　　　　　D. 横线登记式账簿
4. 将前后密切相关的经济业务登记在同一行里，以便检查每笔业务的发生和完成情况的账簿是（　　）。
A. 三栏式账簿　　　　B. 多栏式账簿　　　　C. 数量金额式账簿　　　　D. 横线登记式账簿
5. 在启用之前就已将账页装订在一起，并对账页进行了连续编号的账簿称为（　　）。
A. 订本账　　　　　　　B. 活页账　　　　　　　C. 卡片账　　　　　　　D. 联合式账

6.将一定数量的账页置于活页夹内，可根据记账内容的变化而随时增加或减少部分账页的账簿是（　　）。

A.订本账　　　　　B.活页账　　　　　C.卡片账　　　　　D.联合式账

多项选择题（每题有两个或两个以上正确答案，请将正确答案的代号填入括号中）

1.（　　）提供的核算信息是编制会计报表的主要依据。

A.序时账　　　　　B.总账　　　　　C.明细账　　　　　D.备查账

2.登记总账账簿的依据可以是（　　）。

A.原始凭证　　　　　　　　　B.记账凭证

C.记账凭证汇总表　　　　　　D.原始凭证汇总表

判断题（正确的打"√"，错误的打"×"）

1.备查账簿注重用文字来表达某项交易或者事项的发生情况。　　　（　　）

2.会计账簿的作用之一是编报和输出会计信息。　　　（　　）

任务2　设置和启用会计账簿

术语释义

账页

填空题

1.会计账簿的基本内容有_____、_____和_____。

2.作为账户外在形式的账簿，总分类账簿是按_____设置的。

单项选择题（每题有一个正确答案，请将正确答案的代号填入括号中）

1.横线登记式账页适合（　　）账簿。

A.在途物资明细账　　　　　　B.库存商品明细账

C.原材料明细账　　　　　　　D.生产成本明细账

2.应交税费（增值税）明细账有专门固定的账页，属于（　　）明细账。

A.三栏式　　　　　B.多栏式　　　　　C.数量金额式　　　　　D.横线登记式

3.下列账户中，必须采用订本式账簿的是（　　　）。

A.原材料明细账　　　　　　　　　B.库存商品明细账

C.银行存款日记账　　　　　　　　D.固定资产登记簿

多项选择题（每题有两个或两个以上正确答案，请将正确答案的代号填入括号中）

1.会计账簿封面主要填写（　　　）。

A.会计账簿名称　　B.记账单位名称　　C.主管单位名称　　D.投资单位名称

2.三栏式账页适合（　　　）。

A.总分类账　　　　B.应收账款明细账　　C.原材料明细账　　D.生产成本明细账

3.多栏式账页适合（　　　）。

A.管理费用明细账　　B.本年利润明细账　　C.周转材料明细账　　D.生产成本明细账

4.数量金额式账页适合（　　　）。

A.制造费用明细账　　B.库存商品明细账　　C.原材料明细账　　D.生产成本明细账

判断题（正确的打"√"，错误的打"×"）

1.启用订本式账簿，必须先编制号码，号码的编制顺序应当从第一页起到最后一页止，不得跳页、缺号。　　　　　　　　　　　　　　　　　　　　　　　　（　　　）

2.总账和明细账一般情况下无须一个科目设置一本账本，可以将账本分页使用。

（　　　）

3.设置和登记账簿是编制财务报表的基础，是连接会计凭证与财务报表的中间环节。　　　　　　　　　　　　　　　　　　　　　　　　　　　　　　　　（　　　）

任务3　登记会计账簿

术语释义

平行登记

填空题

1.会计账簿登记的要求主要有：（1）＿＿＿＿＿；（2）＿＿＿＿＿；（3）＿＿＿＿＿；（4）＿＿＿＿＿；（5）＿＿＿＿＿；（6）＿＿＿＿＿；（7）＿＿＿＿＿；（8）＿＿＿＿＿；（9）＿＿＿＿＿。

2. 登记会计账簿完毕后，要在记账凭证上_____，并注明已经登账的符号，表示_____。

3. 账簿中书写的文字和数字上面要留有适当空格，不要写满格，一般应占格距的_____。

4. 各种账簿按页次顺序连续登记，不得跳行、隔页。如发生跳行、隔页，则应当将空行、空页划线注销，注明"_____"和"_____"字样，并由记账人员_____。

5. 每一账页登记完毕结转下页时，应当结出本页合计数及余额，写在本页最后一行和下页第一行有关栏内，并在"摘要"栏内注明"_____"和"_____"字样。

6. 对需要结计本月发生额的账户，结计"过次页"的本页合计数应当为_____。

7. 对需要结计本年累计发生额的账户，结计"过次页"的本页合计数应当为_____。

8. 经济业务较少的单位总分类账可以根据_____逐笔登记；经济业务较多的单位总分类账可以根据_____或_____等定期登记。

单项选择题（每题有一个正确答案，请将正确答案的代号填入括号中）

1. 库存现金日记账和银行存款日记账必须（　　）结出余额。
A. 每日　　　　　　　　B. 每周　　　　　　　　C. 每月　　　　　　　　D. 每年

2. 下列明细分类账中，一般不适宜采用三栏式账页格式的是（　　）。
A. 应收账款明细账　　　　　　　　B. 应付账款明细账
C. 实收资本明细账　　　　　　　　D. 原材料明细账

3. 企业临时租入的固定资产应在（　　）中登记。
A. 总分类账簿　　　　　　　　　　B. 明细分类账簿
C. 备查账簿　　　　　　　　　　　D. 日记账

4. 从银行提取库存现金，登记库存现金日记账的依据是（　　）。
A. 库存现金收款凭证　　　　　　　B. 银行存款收款凭证
C. 库存现金付款凭证　　　　　　　D. 银行存款付款凭证

5. 下列明细分类账中，适用于登记材料采购业务的是（　　）。
A. 三栏式明细分类账　　　　　　　B. 多栏式明细分类账
C. 数量金额式明细分类账　　　　　D. 横线登记式明细分类账

6. 下列明细账中，既适用于金额核算，又适用于数量核算的是（　　）。
A. 库存商品明细账　　　　　　　　B. 应收账款明细账
C. 生产成本明细账　　　　　　　　D. 制造费用明细账

7. 在登记账簿过程中，每一账页的最后一行及下一页第一行都要办理转页手续，是为了（　　）。
A. 便于查账　　　　B. 防止遗漏　　　　C. 防止隔页　　　　D. 保持记录的连续性

8. 下列做法中，不符合会计账簿记账规则的是（　　）。
A. 账簿中书写的文字和数字一般应占格距的1/2

B. 在记账凭证上注明已经登账的符号

C. 使用圆珠笔登账

D. 按账簿页次顺序连续登记，不得跳行、隔页

多项选择题（每题有两个或两个以上正确答案，请将正确答案的代号填入括号中）

1. 下列说法中，正确的有（　　　）。

A. 短期借款明细账应采用三栏式账页格式

B. 应收账款明细账应采用订本式账簿

C. 利润类明细账应采用多栏式账页格式

D. 应付账款明细账应采用活页式账簿

2. 库存现金日记账可能根据（　　　）登记。

A. 库存现金收款凭证　　　　　　　　B. 库存现金付款凭证

C. 银行存款收款凭证　　　　　　　　D. 银行存款付款凭证

3. 总账与明细账平行登记的要点包括（　　　）。

A. 依据相同　　　　B. 期间一致　　　　C. 方向相同　　　　D. 金额相等

判断题（正确的打"√"，错误的打"×"）

1. 从银行提取库存现金的业务，应根据库存现金收款凭证同时登记库存现金日记账和银行存款日记账。　　　　　　　　　　　　　　　　　　　　　　　　　（　　）

2. 明细分类账的登记依据只能是记账凭证。　　　　　　　　　　　　　（　　）

3. 应收账款明细账应采用三栏式账页活页账。　　　　　　　　　　　　（　　）

4. 总分类账户平时不必每日结出余额，只需每月结出月末余额。　　　　（　　）

5. 账簿只是一个外在形式，账户才是它的真实内容，账簿与账户的关系是形式和内容的关系。　　　　　　　　　　　　　　　　　　　　　　　　　　　　　（　　）

6. 登记账簿要用蓝黑墨水或碳素墨水书写，因此账簿记录中不会出现红字。

（　　）

7. 账户结出余额后，应在"借或贷"一栏内写明"借"或"贷"；若没有余额，"借或贷"一栏内应空置不填。　　　　　　　　　　　　　　　　　　　　　　　（　　）

8. 按照平行登记中期间一致的要求，每项经济业务必须在记入总分类账户的当日记入所属的明细分类账户。　　　　　　　　　　　　　　　　　　　　　　　（　　）

实训题

实训一

【实训目的】 熟悉库存现金日记账的格式，掌握库存现金日记账的登记方法。

【**实训资料**】某工业企业2023年5月初"库存现金日记账"借方余额为2 200元，2023年5月份发生下列经济业务：

1.4日，企业采购员王军出差，预支差旅费1 000元，现金支付。

2.10日，从银行提取现金40 000元。

3.11日，用现金支付职工工资40 000元。

4.12日，用现金支付企业行政管理人员市内交通费65元。

5.20日，王军出差归来报销差旅费，退回现金270元。

【**实训要求**】

1.根据上述经济业务，编制与库存现金有关的会计分录。

2.根据上述经济业务，编制收款凭证、付款凭证。

3.根据所给资料，登记库存现金日记账（见表6-1）。

表6-1 　　　　　　　　　　　　　**库存现金日记账一**　　　　　　　　　　　　　单位：元

年		凭证		摘要	对方科目	借方	贷方	余额
月	日	种类	编号					

实训二

【**实训目的**】熟悉银行存款日记账的格式，掌握银行存款日记账的登记方法。

【**实训资料**】某工业企业2023年12月31日银行存款借方余额为45 460元，2024年1月1—10日发生以下经济业务：

1.4日，开出转账支票一张，支付上月所欠购料款15 600元。

2.4日，预收大华公司货款5 668元，款项已存入银行。

3.4日，开出现金支票一张，提取现金1 200元。

4.8日，以现金350元支付购买材料的运杂费。

5.9日，收到红光公司投入货币资金100 000元，款项存入银行。

6.10日，开出转账支票一张，支付厂部办公费950元。

【**实训要求**】

1.根据上述经济业务，编制会计分录。

2. 根据上述经济业务，编制收款凭证、付款凭证。

3. 根据所给资料，登记银行存款日记账（见表6-2）。

表6-2   **银行存款日记账一**   单位：元

年		凭证		摘要	对方科目	借方	贷方	余额
月	日	种类	编号					

实训三

【实训目的】 练习库存现金日记账、银行存款日记账、生产成本明细账、原材料明细账的登记。

【实训资料】 某公司2023年8月31日库存现金日记账余额2 500元（借方）；银行存款日记账余额900 000元（借方）；原材料总账余额30 000元（借方），其中甲材料3 600千克，单价为5元/千克，共计18 000元，乙材料3 000千克，单价为4元/千克，共计12 000元；"生产成本——A产品"月初余额18 000元，其中直接材料7 000元，直接人工6 700元，制造费用4 300元。2023年9月份发生下列经济业务：

1.2日，收到五华公司投入一笔款项100 000元，已存入银行账户。

2.5日，购入甲材料1 000千克，单价为5元/千克，共计5 000元，增值税650元；乙材料2 000千克，单价为4元/千克，共计8 000元，增值税1 040元，货款及税款均以银行存款支付。材料已验收入库，结转材料采购成本。

3.7日，从银行提取现金18 000元备发工资。

4.8日，用现金发放职工工资18 000元。

5.9日，购入甲材料2 000千克，单价为5元/千克，共计10 000元，增值税1 300元，货款及税款均以银行存款支付。材料已验收入库，结转材料采购成本。

6.15日，车间主任章文出差，预借差旅费1 000元，现金支付。

7.18日，章文报销差旅费1 200元，不足部分用现金补足。

8.19日，仓库发出材料，用于产品生产，资料如下：

A产品领用：甲材料2 000千克，共计10 000元；乙材料3 000千克，共计12 000元。

B产品领用：甲材料500千克，共计2 500元；乙材料1 000千克，共计4 000元。

车间领用：甲材料500千克，共计2 500元。

厂部领用：乙材料500千克，共计2 000元。

9.20日，分配结转本月职工工资100 000元，其中A产品生产工人工资50 000元；B产品生产工人工资30 000元；车间管理人员工资5 000元；厂部管理人员工资15 000元。

10.20日，确认公司负担社会保险费32 500元，其中A产品生产工人社会保险费16 250元；B产品生产工人社会保险费9 750元；车间管理人员社会保险费1 625元；厂部管理人员社会保险费4 875元。

11.20日，确认公司负担住房公积金10 000元，其中A产品生产工人住房公积金5 000元；B产品生产工人住房公积金3 000元；车间管理人员住房公积金500元；厂部管理人员住房公积金1 500元。

12.21日，本月销售A产品10 000件，每件10元，增值税13 000元；B产品5 000件，每件40元，增值税26 000元，货款及税款已收存银行。

13.22日，以现金支付车间办公用品费975元。

14.30日，分配结转本月制造费用（按生产工人工资比例分配）。

15.30日，结转本月完工入库产品成本。假设A产品10 000件全部完工，B产品全部未完工。

16.30日，收回华兴公司前欠货款50 000元，存入银行。

17.31日，本月销售A产品的生产成本为75 000元、B产品的生产成本为180 000元，结转本月产品销售成本。

【实训要求】

1.根据上述经济业务，编制会计分录。

2.根据上述经济业务，填制收款凭证、付款凭证和转账凭证。

3.根据所给资料，登记库存现金日记账（见表6-3）、银行存款日记账（见表6-4）、生产成本明细账（见表6-5）、原材料总分类账（见表6-6）及其明细分类账（见表6-7、表6-8）。

表6-3　　　　　库存现金日记账二　　　　　单位：元

年		凭证		摘要	对方科目	借方	贷方	余额
月	日	种类	编号					

表6-4　　　　　银行存款日记账二　　　　　单位：元

年		凭证		摘要	对方科目	借方	贷方	余额
月	日	种类	编号					

表6-5 　　　　　　　　　　　　　　　　**生产成本明细账**

产品名称＿＿＿＿＿＿　　　　　　完工产量＿＿＿＿＿＿　　　　　　　　　　单位：元

年		凭证号数	摘要	借方发生额	成本项目		
月	日				直接材料	直接人工	制造费用

表6-6 　　　　　　　　　　　　　　　　**总分类账**

账户名称：原材料　　　　　　　　　　　　　　　　　　　　　　　单位：元

年		凭证号数	摘要	借方	贷方	借或贷	余额
月	日						

表6-7 　　　　　　　　　　　　　　　　**原材料明细分类账一**

账户名称：甲材料　　　　　　　　　　　　　　　　　　　　　金额单位：元

年		凭证号数	摘要	收入			发出			结余		
月	日			数量千克	单价	金额	数量千克	单价	金额	数量千克	单价	金额

表6-8　　　　　　　　　　　　　　　　**原材料明细分类账二**

账户名称：乙材料　　　　　　　　　　　　　　　　　　　　　　　　单位：元

年		凭证号数	摘要	收入			发出			结余		
月	日			数量千克	单价	金额	数量千克	单价	金额	数量千克	单价	金额

任务4　对账和结账

术语释义

1. 对账
2. 结账

填空题

1. 期末结账主要采用划线结账法，即期末结出各账户的＿＿＿＿＿和＿＿＿＿＿后，加以划线标记。

2. 对账方法包括＿＿＿＿＿、＿＿＿＿＿、＿＿＿＿＿。

3. 账账核对包括＿＿＿＿＿、＿＿＿＿＿、＿＿＿＿＿、＿＿＿＿＿。

单项选择题（每题有一个正确答案，请将正确答案的代号填入括号中）

1. 下列对账工作中属于账实核对的是（　　　）。

A. 银行存款日记账与银行对账单核对

B. 总分类账与其所属的明细分类账核对

C. 会计部门的财产物资明细账与财产物资保管部门的有关明细账核对

D. 总分类账与日记账核对

2. 下列不属于账账核对的是（　　　）。

A. 明细分类账簿之间的核对

B. 总分类账簿与其所属的明细分类账簿的核对

C. 总分类账簿与序时账簿的核对

D. 会计账簿与原始凭证的核对

3. 企业结账的时间应为（　　　）。

A. 每项交易或事项办理完毕时　　　　B. 每一工作日终了时

C. 一定时期终了时　　　　　　　　　D. 会计报表编制完成时

多项选择题（每题有两个或两个以上正确答案，请将正确答案的代号填入括号中）

1. 账证核对是指核对账簿记录与原始凭证、记账凭证的（　　　）是否一致，记账方向是否相符。

A. 时间　　　　　　B. 凭证字号　　　　C. 方式　　　　　　D. 内容

2. 账账核对包括（　　　）。

A. 总分类账簿之间的核对

B. 总分类账簿与其所属的明细分类账簿的核对

C. 总分类账簿与序时账簿的核对

D. 债权、债务明细账账面余额与对方单位的账面记录的核对

3. 下列属于账实核对的工作内容的有（　　　）。

A. 库存现金日记账的账面余额与实际库存数核对

B. 银行存款日记账的账面余额与银行对账单核对

C. 各种债权、债务明细账账面余额与有关单位（个人）的账面记录核对

D. 各种财产物资实有数与其相应明细账核对

4. 以下内容中，属于对账范围的有（　　　）。

A. 账簿记录与有关会计凭证核对

B. 库存商品明细账余额与库存商品实存数核对

C. 日记账余额与有关总分类账簿余额核对

D. 账簿记录与报表记录核对

判断题（正确的打"√"，错误的打"×"）

1. 总分类账平时不必每日结出余额，只需每月结出月末余额。（　　　）

2. 对账是指为了保证账簿记录的正确性而进行的有关账项的核对工作。（　　　）

3. 账簿记录正确并不一定能够保证账实相符。（　　　）

4. 一般来说，日记账应与收款凭证、付款凭证相核对，总账应与记账凭证相核对，明细账应与记账凭证或原始凭证相核对。（　　　）

5. 企业对于与外部单位往来款项的清查，一般采取编制对账单寄交给对方单位的方式进行，因此属于账账核对。（　　　）

6. 结账通常包括两个方面：一是结清各种损益类账户并结出余额；二是结清各种资产、负债和所有者权益类账户的本期发生额和余额。（　　　）

7. 在每个会计期间，记账人员可多次登记会计账簿，但只能结账一次。　　（　　）

8. 总账账户平时既需要结计月末余额，也需要结计本月发生额。　（　　）

任务5　更正错账

术语释义

1. 顺查法
2. 逆查法
3. 红字更正法

填空题

1. 在会计核算过程中，错账的种类包括_____、_____、_____、_____、_____、_____、_____。

2. 针对账簿记录的错误情况，通常有_____、_____、_____、_____等查找方法。

3. 错账更正的方法一般有_____、_____和_____。

单项选择题（每题有一个正确答案，请将正确答案的代号填入括号中）

1. 下列记账错误中，适合用"差额除二法"进行查找的是（　　）。

A.数字顺序错位　　B.相邻数字颠倒　　C.记反账　　　　D.漏记或重记

2. 记账人员记账后发现某笔数字多记了63，用"除九法"查出是将相邻数记颠倒了，则下列可能记错的数字是（　　）。

A.37　　　　　　　B.46　　　　　　　C.73　　　　　　　D.81

3. 企业开出转账支票1 790元购买办公用品，编制记账凭证时，误记金额为1 970元，科目及方向无误并已记账，应采用的更正方法是（　　）。

A.补充登记180元　　　　　　B.红字冲销180元

C.在凭证中划线更正　　　　　D.重新编制记账凭证

4. 根据记账凭证登账，误将1 000元记为100元，应采用（　　）进行更正。

A.红字更正法　　B.补充登记法　　C.划线更正法　　D.平行登记法

5. 企业生产车间因生产产品领用材料50 000元，在填制记账凭证时，将借方科目记为"制造费用"并已登记入账，应采用的错账更正方法是（　　）。

A.划线更正法　　　　　　　　B.红字更正法

C.补充登记法　　　　　　　　D.重填记账凭证

6. 下列错账中，可以采用补充登记法更正的是（   ）。

A. 在结账前发现账簿记录有文字或数字错误，而记账凭证没有错误

B. 在记账后发现当年内记账凭证所记的会计科目错误

C. 在记账后发现当年内记账凭证所记金额大于应记金额

D. 记账后发现记账凭证填写的会计科目无误，只是所记金额小于应记金额

多项选择题（每题有两个或两个以上正确答案，请将正确答案的代号填入括号中）

1. 局部清查就是针对错误的数字抽查账目的方法，包括（   ）。

A. 差额检查法　　　B. 尾数检查法　　　C. 差额除二法　　　D. 除九法

2. 记账后发现记账凭证中应借、应贷会计科目正确，只是金额发生错误，可采用的错账更正方法是（   ）。

A. 划线更正法　　　B. 横线登记法　　　C. 红字更正法　　　D. 补充登记法

判断题（正确的打"√"，错误的打"×"）

1. 如果账簿记录发生错误，则应根据错误的具体情况，采用规定的方法予以更正，不得涂改、挖补、刮擦或用药水更改字迹。　　　　　　　　　　　　　　（   ）

2. 由于记账凭证错误而造成的账簿记录错误，应采用划线更正法进行更正。
　　　　　　　　　　　　　　　　　　　　　　　　　　　　　　　　（   ）

3. 在结账前发现账簿记录有文字或数字错误，而记账凭证没有错误，可采用划线更正法更正。　　　　　　　　　　　　　　　　　　　　　　　　　　　（   ）

4. 结账后，禁止采用划线更正法更正错误。　　　　　　　　　　　　（   ）

5. 会计人员在记账以后，若发现所依据的记账凭证中的应借、应贷会计科目有错误，则不论金额多记还是少记，均可采用红字更正法进行更正。　　　　　　（   ）

6. 如果在记账之后发现记账凭证中会计科目及应借、应贷方向无误，只是金额有错误，则必须采用补充登记法进行错账更正。　　　　　　　　　　　　　（   ）

实训题

【实训目的】熟悉和掌握错账更正方法。

【实训资料】某企业会计人员在结账前进行对账时，发现下列错账：

1. 职工预借差旅费6 000元，编制的记账凭证中科目及金额为：

借：管理费用　　　　　　　　　　　　　　　　　　　　　　　　6 000

　　贷：库存现金　　　　　　　　　　　　　　　　　　　　　　6 000

2. 计提行政管理用固定资产折旧9 000元，编制的记账凭证中科目及金额为：

借：管理费用　　　　　　　　　　　　　　　　　　　　　　　　　900

　　　贷：累计折旧　　　　　　　　　　　　　　　　　　　　　　　900
　　3.生产产品领用材料5 000元，编制的记账凭证中科目及金额为：
　　借：生产成本　　　　　　　　　　　　　　　　　　　　　50 000
　　　贷：原材料　　　　　　　　　　　　　　　　　　　　　　50 000
　　4.行政管理部门购买办公用品600元，编制的记账凭证中科目及金额为：
　　借：管理费用　　　　　　　　　　　　　　　　　　　　　　600
　　　贷：银行存款　　　　　　　　　　　　　　　　　　　　　600
　　但是登记账簿时，误将"管理费用"账户登记为60元。
【实训要求】
　　1.指出上述错账应采用何种更正方法。
　　2.编制错账更正后的会计分录。

任务6　保管会计账簿

术语释义

　　（略）

填空题

　　1.总账、日记账和多数明细账应_____更换一次，备查账簿可以_____。
　　2.会计账簿是重要的会计档案资料，必须按《_____》等法规的规定健全会计账簿管理制度，妥善保管各种会计账簿。会计账簿管理分为_____和_____两个部分。
　　3.根据《会计档案管理办法》，总分类账、明细分类账、辅助账、日记账应保存_____年。

单项选择题（每题有一个正确答案，请将正确答案的代号填入括号中）

　　1.关于账簿的更换，下列说法中错误的是（　　　）。
　　A.所有的会计账簿必须每年更换一次
　　B.会计账簿的更换通常在新的会计年度建账时进行
　　C.建立新账结转上年余额时，可以采用直接结转法，也可使用余额表结转法
　　D.会计账簿可由本单位财务部门保管1年
　　2.下列账簿不需要保管30年的是（　　　）。
　　A.总分类账　　　　　B.明细分类账　　　　　C.辅助账　　　　　D.银行对账单

多项选择题（每题有两个或两个以上正确答案，请将正确答案的代号填入括号中）

1.下列账簿需要每年更换的有（　　　）。

A.总分类账　　　　　　　　　　　B.银行存款日记账

C.库存现金日记账　　　　　　　　D.固定资产明细账

2.下列账簿需要保管30年的有（　　　）。

A.总分类账　　　　　　　　　　　B.明细分类账

C.库存现金日记账　　　　　　　　D.银行存款日记账

判断题（正确的打"√"，错误的打"×"）

1.固定资产明细账不必每年更换，可以连续使用。　　　　　　　　（　　）

2.备查账簿不必每年更换，可以连续使用。　　　　　　　　　　　（　　）

3.年终结账时有余额的账户，其余额结转下年的方法是：将余额直接记入下一会计年度新建会计账簿同一账户的第一行"余额"栏内，并在"摘要"栏内注明"上年结转"字样。　　　　　　　　　　　　　　　　　　　　　　　　　　　（　　）

4.会计账簿未经领导和会计负责人批准，非经管人员不能随意翻阅查看会计账簿。　　　　　　　　　　　　　　　　　　　　　　　　　　　　　　（　　）

5.会计账簿一般不能携带外出，对经批准携带外出的会计账簿，一般应由经管人员或会计主管指定的专人负责办理。　　　　　　　　　　　　　　　　（　　）

项目七　盘点企业家底·实施财产清查

任务1　了解财产清查基本知识

术语释义

1. 财产清查
2. 全面清查
3. 局部清查
4. 定期清查
5. 不定期清查

填空题

1. 财产清查的意义主要有：_____；_____；_____。
2. 财产清查按清查范围分类，可分为_____和_____。
3. 财产清查按清查时间分类，可分为_____和_____。
4. 财产清查按清查执行系统分类，可分为_____和_____。
5. 财产清查一般包括以下程序：（1）_____；（2）_____；（3）_____；（4）_____；（5）_____；（6）_____；（7）_____。

单项选择题（每题有一个正确答案，请将正确答案的代号填入括号中）

1. 下列情况适合采用局部清查方法的是（　　）。
A. 年终决算　　　　　　　　　　　　B. 企业合并
C. 清产核资　　　　　　　　　　　　D. 库存现金的清查

2. 因企业改制、重组进行的财产清查，属于（　　）。
A. 重点清查　　　B. 全面清查　　　C. 局部清查　　　D. 定期清查

3. 企业在撤销或合并时，应对财产物资进行（　　）。
A. 重点清查　　　B. 全面清查　　　C. 局部清查　　　D. 定期清查

多项选择题（每题有两个或两个以上正确答案，请将正确答案的代号填入括号中）

1.下列情况中，需要进行不定期清查的有（　　　）。

A.年末结账　　　　　　　　　　B.月末结账

C.更换财产物资保管人员　　　　D.发生非常损失

2.企业需要进行全面清查的情况有（　　　）。

A.年终决算之前　　　　　　　　B.清产核资

C.单位撤销、合并　　　　　　　D.资产重组

判断题（正确的打"√"，错误的打"×"）

1.财产清查就是对各种实物财产进行的清查盘点。　　　　　　　　　（　　　）

2.从财产清查的范围来看，年终决算前对企业财产物资所进行的清查一般属于全面清查。　　　　　　　　　　　　　　　　　　　　　　　　　　　　（　　　）

3.一般情况下，全面清查是定期清查，局部清查是不定期清查。　　　（　　　）

4.对实物财产进行清查时，既要清查数量，又要检验质量。　　　　　（　　　）

5.财产清查的范围仅限于所有权属于企业的各种财产物资和债权债务。（　　　）

6.更换财产物资和现金保管人员时要进行全面清查，应属于不定期清查。（　　　）

7.不定期清查可以是全面清查，也可以是局部清查。　　　　　　　　（　　　）

任务2　认知财产物资盘存制度

术语释义

1.实地盘存制

2.永续盘存制

填空题

1.企业财产物资的盘存制度是指确定各项财产物资_____的方法，具体包括_____和_____两种。

2.在实地盘存制下，本期发出数量=_____+_____-_____。

3.在永续盘存制下，账面期末数量=_____+_____-_____。

单项选择题（每题有一个正确答案，请将正确答案的代号填入括号中）

1.采用实地盘存制，平时对财产物资（　　）。
A. 只登记增加数，不登记减少数
B. 只登记减少数，不登记增加数
C. 先登记增加数，后登记减少数
D. 先登记减少数，后登记增加数
2.采用永续盘存制，平时对财产物资（　　）。
A. 只登记增加数　　　　　　　　　B. 既登记增加数，也登记减少数
C. 只登记减少数　　　　　　　　　D. 只登记盘存数

多项选择题（每题有两个或两个以上正确答案，请将正确答案的代号填入括号中）

1.财产物资的盘存制度有（　　）。
A. 权责发生制　　　　　　　　　　B. 收付实现制
C. 永续盘存制　　　　　　　　　　D. 实地盘存制
2.下列各项中，对永续盘存制表述正确的有（　　）。
A. 账面随时反映财产物资的收入、发出和结余数额
B. 各项财产物资的增加数和减少数，平时要根据会计凭证登记账簿
C. 平时在账簿中登记财产物资的增加数，不登记减少数
D. 财产物资品种繁杂的企业，其明细分类核算工作量大

判断题（正确的打"√"，错误的打"×"）

1. 企业采用永续盘存制，也需要对各项财产物资进行实地盘点。（　　）
2. 永续盘存制与实地盘存制的主要区别在于是否要进行实地盘点。（　　）
3. 采用实地盘存制，核算工作比较简单，工作量小。（　　）
4. 实地盘存制的缺点是不能随时反映财产物资减少数和结存数，无法及时掌握日常财产物资的溢缺情况，不利于财产物资的控制管理。（　　）
5. 实地盘存制一般适用于价值低、品种多、进出频繁的商品或材料物资。（　　）
6. 采用永续盘存制，可以随时反映企业财产物资的增加、减少和结余情况。
（　　）
7. 采用永续盘存制，能与实际盘存数核对，以反映财产物资的溢缺情况，有利于财产物资的管理控制。（　　）

任务3 实施财产清查

术语释义

未达账项

填空题

1. 库存现金的清查是采用_____确定库存现金的实存数，然后与库存现金日记账的账面余额相核对，确定账实是否相符。

2. 盘点库存现金后，应根据盘点的结果及与库存现金日记账核对的情况，填制"_____"。

3. 未达账项一般有以下四种类型：（1）_____；（2）_____；（3）_____；（4）_____。

4. "_____"是为了核对企业与其开户银行双方记录的企业银行存款账面余额而编制的、列示双方未达账项的一种表格。

5. 实物资产常见的清查方法有_____和_____两种。

6. 往来款项的清查一般采取_____的方法进行核对。

单项选择题（每题有一个正确答案，请将正确答案的代号填入括号中）

1. 企业财产清查后，据以填列待处理财产盘盈、盘亏记账凭证的原始凭证是（   ）。

A. 材料物资入库单 　　　　　　　　　　B. 盘点单

C. 材料物资出库单 　　　　　　　　　　D. 实存账存对比表

2. 对库存现金进行清查应采用的方法是（   ）。

A. 实地盘点法 　　　B. 抽查检验法 　　　C. 查询核对法 　　　D. 技术推算盘点法

3. 对于露天堆放的砂石、煤炭进行清查，应采用的方法是（   ）。

A. 实地盘点法 　　　B. 抽查检验法 　　　C. 查询核对法 　　　D. 技术推算盘点法

4. 对于财产清查中所发现的财产物资盘盈、盘亏和毁损，会计部门进行账务处理依据的原始凭证是（   ）。

A. 银行存款余额调节表 　　　　　　　　B. 实存账存对比表

C. 出库单 　　　　　　　　　　　　　　D. 入库单

5. 可以采用技术推算盘点法进行清查的财产物资是（   ）。

A. 库存现金 　　　B. 固定资产 　　　C. 原材料 　　　　D. 应收账款

6. 在记账无误的情况下，银行对账单与银行存款日记账账面余额不一致的原因是（　　　）。

A.存在应付账款　　　B.存在应收账款　　　C.存在外埠存款　　　D.存在未达账项

7.采用银行对账单进行清查的项目是（　　　）。

A.原材料　　　　　B.库存现金　　　　　C.实收资本　　　　　D.银行存款

8.企业银行存款日记账与银行对账单的核对，属于（　　　）。

A.账实核对　　　　B.账证核对　　　　　C.账账核对　　　　D.账表核对

9.银行存款的清查，主要是将（　　　）进行核对。

A.银行存款日记账与总账

B.银行存款日记账与银行存款收款、付款凭证

C.银行存款日记账与银行对账单

D.银行存款总账与银行存款收款、付款凭证

10.未达账项是指企业与银行由于核算时间不同而形成的（　　　）。

A.一方已入账，另一方尚未入账的账项

B.使双方登账出现错误的账项

C.完全一致，造成一方重复登记入账的账项

D.均未入账的账项

多项选择题（每题有两个或两个以上正确答案，请将正确答案的代号填入括号中）

1.实物财产清查常用的方法有（　　　）。

A.实地盘点法　　　B.发函询证法　　　C.技术推算盘点法　　D.核对账目法

2.采用实地盘点法进行清查的财产有（　　　）。

A.固定资产　　　　B.库存商品　　　　C.银行存款　　　　D.库存现金

3.银行存款日记账余额与银行对账单余额不一致，原因可能是（　　　）。

A.银行存款日记账有误　　　　　　　B.银行对账单有误

C.存在未达账项　　　　　　　　　　D.存在未付款项

4.财产清查过程中发现账实不符时，用来调整账簿记录的原始凭证有（　　　）。

A.实存账存对比表　　　　　　　　　B.库存现金盘点报告表

C.盘存单　　　　　　　　　　　　　D.银行存款余额调节表

5.下列项目可以采用发函询证法进行清查的有（　　　）。

A.应收账款　　　　B.应付账款　　　　C.预收款项　　　　D.预付款项

6.未达账项通常有（　　　）。

A.企业已记存款增加而银行尚未记账　　B.企业已记存款减少而银行尚未记账

C.银行已记存款增加而企业尚未记账　　D.银行已记存款减少而企业尚未记账

7.与外单位核对账目的方法适用于（　　　）。

A.库存现金的清查　B.银行存款的清查　C.往来款项的清查　D.材料的清查

8.月末企业银行存款日记账与银行对账单不一致，造成企业银行存款账面余额大于

银行对账单余额的原因有（　　）。

A.企业已收款入账，银行未入账　　　B.企业已付款入账，银行未入账

C.银行已收款入账，企业未入账　　　D.银行已付款入账，企业未入账

9.在记账无误的情况下，企业银行存款日记账账面余额小于银行对账单余额的情况有（　　）。

A.企业已付款入账，银行未入账　　　B.银行已收款入账，企业未入账

C.企业已收款入账，银行未入账　　　D.银行已付款入账，企业未入账

判断题（正确的打"√"，错误的打"×"）

1.库存现金的清查是通过实地盘点进行的，清点时财务部门负责人必须在场，以便明确经济责任。（　　）

2.实物资产的"实存账存对比表"可以作为记账和登记账簿的原始凭证。（　　）

3.库存现金和银行存款的清查均应采用实地盘点法进行清查。（　　）

4.对未达账项应编制"银行存款余额调节表"进行调节，同时对未达账项编制记账凭证，登记入账。（　　）

5.银行存款的清查，主要是将银行存款日记账与总账进行核对。（　　）

6."银行存款余额调节表"不能作为调整银行存款账面余额的原始凭证。（　　）

7.银行对账单上列明的余额就是企业在银行的实有存款。（　　）

8.未达账项就是企业已经付款而银行尚未付款的款项。（　　）

9.产生未达账项的原因是记账错误，应采用适当的方法予以更正。（　　）

10.月末应根据"银行存款余额调节表"中调整后的余额进行账务处理，使企业银行存款的账面余额与调整后的余额一致。（　　）

实训题

【实训目的】通过实训，使学生掌握银行存款余额调节表的编制方法。

【实训资料】某企业2023年11月30日银行存款日记账账面余额为352 200元，银行对账单上的余额为351 400元，经逐笔核对后，查明有以下未达账项：

（1）28日，企业收到转账支票一张，金额36 000元，送存银行取得进账单回单，但银行尚未收款。

（2）29日，企业开出转账支票6 400元支付货款，持票人尚未到银行办理转账，银行尚未付款。

（3）30日，银行代付电话费4 000元，但企业尚未收到银行的付款凭证。

（4）30日，企业委托银行代收货款32 800元，银行已收款入账，但企业尚未收到银行的收款凭证。

【实训要求】根据上述资料，编制银行存款余额调节表，见表7-1。

表7-1

银行存款余额调节表

年　　月　　日

单位：元

项目	金额	项目	金额
企业银行存款日记账余额		银行对账单余额	
加：银行已收企业未收		加：企业已收银行未收	
减：银行已付企业未付		减：企业已付银行未付	
调节后存款余额		调节后存款余额	

任务4　进行财产清查结果账务处理

术语释义

1. 盘盈
2. 盘亏

填空题

1. 财产清查后，会出现两种可能，即_____或_____。

2. 库存现金盘盈、盘亏，待查明原因后分情况处理：（1）属于记账差错的应及时_____；（2）无法查明原因的长款应记入"_____"账户，无法查明原因的短款应记入"_____"账户；（3）可收回的保险赔偿和责任者赔偿的金额应记入"_____"账户。

3. 盘盈的存货，在查明原因并经有关部门批准后，记入"_____"账户。

4. 固定资产盘盈先记入"_____"账户的贷方。固定资产盘亏报经批准转销后，转入"_____"账户的借方。

单项选择题（每题有一个正确答案，请将正确答案的代号填入括号中）

1. 存货清查，若存在盘盈、盘亏和毁损的情况，应先通过"（　　）"账户反映。
A.其他应收款　　　　　　　　B.待处理财产损溢
C.其他应付款　　　　　　　　D.管理费用

2. 财产清查中发现短缺的材料，经查明是因仓库保管员过失造成的，应由其赔偿，借记的账户是"（　　）"。
A.其他应收款　　　　　　　　B.待处理财产损溢
C.营业外支出　　　　　　　　D.管理费用

3. "待处理财产损溢"账户属于（　　）账户。
A.资产类　　　B.负债类　　　C.所有者权益类　　　D.损益类

4.在财产清查中，如果发现财产盘盈，应当（　　　）。

A.保持账面记录不变　　　　　　　　B.减少账面记录

C.增加账面记录　　　　　　　　　　D.查明原因后再调整账面记录

多项选择题（每题有两个或两个以上正确答案，请将正确答案的代号填入括号中）

1."待处理财产损溢"账户借方核算的内容有（　　　）。

A.发生的待处理财产的盘亏数、毁损数

B.转销已批准处理的财产盘盈数

C.转销已批准处理的财产盘亏数、毁损数

D.发生的待处理财产的盘盈数

2.下列业务中，企业需要通过"待处理财产损溢"账户核算的有（　　　）。

A.库存现金短缺　　　　　　　　　　B.原材料盘亏

C.发现账外固定资产　　　　　　　　D.无法收回应收账款

3.企业财产清查中查明的各种流动资产盘亏数或毁损数，根据不同的原因，报经批准后可能列入的账户有"（　　　）"。

A.财务费用　　　　B.营业外收入　　　　C.营业外支出　　　　D.其他应收款

4.对于企业在财产清查中，经查实盘盈的原材料属计量不准造成的，在按规定程序报经批准后（　　　）账户。

A.借记"待处理财产损溢"　　　　　　B.贷记"营业外收入"

C.贷记"管理费用"　　　　　　　　　D.贷记"原材料"

判断题（正确的打"√"，错误的打"×"）

1.企业由于自然灾害发生的非常损失净额应当确认为营业外支出。　　　（　　　）

2.企业在财产清查中，查明应付外单位的货款已无法归还，经上报审批后，可以将其转作营业外收入。　　　（　　　）

3.财产清查结果经审批后，应根据审批处理意见，编制相应的记账凭证，并据此登入有关账簿，结清待处理财产物资的数额。　　　（　　　）

4.企业清查的各种财产的损溢，如果在期末结账前未经批准，在对外提供财务报表时，应按相关规定进行处理，并在附注中作出说明；其后批准处理的金额与其不一致的，调整财务报表相关项目的年初数。　　　（　　　）

实训题

实训一

【实训目的】通过实训，使学生掌握财产清查审批前的账务处理。

【实训资料】某企业2023年年底进行财产清查，发现以下问题：

1. 账外盘盈A材料200千克，同类材料的市场价格为30元/千克。

2. 盘亏B材料300千克，单价为25元/千克。

3. 盘盈库存现金118元。

4. 盘亏乙产品5件，每件190元。

5. 盘盈101型号机器设备一台，估价30 000元。

6. 盘亏102型号机器设备一台，原价200 000元，已提折旧120 000元。

【实训要求】根据以上清查问题，编制财产清查审批前的会计分录（要反映出明细科目）。

实训二

【实训目的】通过实训，使学生掌握财产清查结果的账务处理。

【实训资料】承接上题资料内容，上述清查结果已经逐项核实：

1. 盘盈的A材料为计量不准造成的，按规定转销。

2. 盘亏的B材料属于自然灾害损失，保险公司同意赔偿60%，其余可转作营业外支出。

3. 库存现金的盘盈转作企业收益处理。

4. 乙产品的损失属保管员王某失职造成的，应由其个人负责赔偿。

5. 盘盈的101型号机器设备，经批准调整为年初未分配利润（企业计提盈余公积比例为10%）。

6. 盘亏的102型号机器设备，经批准计入营业外支出。

【实训要求】根据上述查核结果，编制相应的会计分录。

项目八　依据会计账簿·编制财务报表

任务1　认知财务报表

术语释义

1. 财务报表
2. 现金流量表

填空题

1. 企业的财务报表应当包括_____、_____、_____、_____和
_____。

2. 企业的财务报表按编报期间，可分为_____和_____。

3. 财务报表编制的基本要求包括：（1）_____；（2）_____；（3）_____；
（4）_____；（5）_____；（6）_____；（7）_____；（8）_____。

单项选择题（每题有一个正确答案，请将正确答案的代号填入括号中）

1. 企业应当以（　　）为基础，根据实际发生的交易或者事项，按照《企业会计准则》进行确认和计量，在此基础上编制财务报表。

A.持续经营　　　　B.会计分期　　　　C.货币计量　　　　D.收付实现制

2. 企业除现金流量表按收付实现制原则编制外，其他财务报表应当按照（　　）原则编制。

A.永续盘存制　　　B.实地盘存制　　　C.持续经营　　　　D.权责发生制

多项选择题（每题有两个或两个以上正确答案，请将正确答案的代号填入括号中）

1. 财务报表是对企业（　　）的结构性描述。

A.财务状况　　　　B.经营成果　　　　C.现金流量　　　　D.营业收入

2. 企业年度报表包括（　　）。

A.资产负债表　　　B.利润表　　　　　C.现金流量表　　　D.附注

3.企业中期报表是以短于一个完整会计年度的报表期间为基础编制的财务报表，包括（　　）。

A.月报表　　　　　B.季报表　　　　　C.半年报表　　　　　D.年度报表

4.企业应当在报表的显著位置（如表首）至少披露下列（　　）等各项。

A.编报企业的名称

B.资产负债表日或财务报表涵盖的期间

C.人民币金额单位

D.折旧政策

判断题（正确的打"√"，错误的打"×"）

1.企业至少应当按年编制财务报表。　　　　　　　　　　　　　　　　（　　）

2.中期报表是指以一年的中间日为资产负债表日编制的财务报表。　　（　　）

3.向不同会计资料使用者提供的财务报表，其编制依据应当一致。　　（　　）

4.年度报表涵盖的期间短于一年的，应当披露财务报表涵盖的期间、短于一年的原因以及财务报表数据不具有可比性的事实。　　　　　　　　　　　　　（　　）

5.项目列报遵守重要性是指在合理预期下，财务报表某项目的省略或错报会影响使用者据此作出经济决策的，该项目具有重要性。　　　　　　　　　　　（　　）

6.财务报表中的资产项目和负债项目的金额、收入项目和费用项目的金额、直接计入当期利润的利得项目和损失项目的金额不得相互抵销，但其他会计准则另有规定的除外。　　　　　　　　　　　　　　　　　　　　　　　　　　　（　　）

任务2　编制资产负债表

术语释义

资产负债表

填空题

1.资产负债表是依据"_____"恒等式，按照一定的分类标准和顺序，将企业在一定日期的全部_____、_____和_____项目进行适当分类、汇总、排列后编制而成的。

2.资产应当按照流动性分为_____和_____列示。

3.负债应当按照流动性分为_____和_____列示。

4.资产负债表的格式主要有_____和_____两种。我国企业资产负债表采用

_____结构。

5.根据《企业会计准则》的规定，会计报表应采取_____的方式编制。资产负债表由_____和_____两个栏目组成。

单项选择题（每题有一个正确答案，请将正确答案的代号填入括号中）

1.资产负债表中，"应收账款"项目应根据（　　）填列。

A."应收账款"账户的期末余额

B."应收账款"账户所属各明细账的期末借方余额合计数

C."应收账款"账户所属各明细账的期末贷方余额合计数

D."应收账款"账户和"预收账款"账户所属明细账的期末余额合计数减"坏账准备——应收账款"账户的余额

2.资产负债表是反映企业（　　）的财务状况的财务报表。

A.某一特定日期　　　B.一定时期内　　　C.某一年份内　　　D.某一月份内

3.在下列各个会计报表中，属于企业对外的静态报表的是（　　）。

A.利润表　　　　　　　　　　　B.所有者权益变动表

C.资产负债表　　　　　　　　　D.现金流量表

4.某企业"应付账款"明细账期末余额情况如下：A企业贷方余额为20 000元；B企业借方余额为18 000元；C企业贷方余额为30 000元。假如该企业"预付账款"明细账均为借方余额，则根据以上数据计算反映在资产负债表上"应付账款"项目的数额为（　　）元。

A.68 000　　　　　　B.50 000　　　　　　C.32 000　　　　　　D.18 000

5.下列直接根据总账账户余额填列资产负债表项目的是（　　）。

A.短期借款　　　B.应收账款　　　C.未分配利润　　　D.存货

6.下列资产负债表的项目中，需要根据几个总账账户的期末余额进行汇总填列的是（　　）。

A.应付职工薪酬　　B.短期借款　　　C.货币资金　　　D.资本公积

7.资产负债表中，"存货"项目应（　　）。

A.根据"存货"账户的期末借方余额直接填列

B.根据"原材料""固定资产""库存商品"账户的期末借方余额之和填列

C.根据"原材料""在产品""库存商品"账户的期末借方余额之和填列

D.根据"原材料""生产成本""库存商品"账户的期末借方余额之和填列

8.在编制资产负债表时，下列项目中需要根据其明细账户及"预收账款"账户相关明细账户的余额填列的有（　　）。

A.应付债券　　　B.应收账款　　　C.实收资本　　　D.存货

9.资产负债表中，"应付账款"项目应（　　）。

A.直接根据"应付账款"账户的期末贷方余额填列

B.根据"应付账款"账户的期末贷方余额和"应收账款"账户的期末借方余额计算填列

C.根据"应付账款"账户的期末贷方余额和"应收账款"账户的期末贷方余额计算填列

D.根据"应付账款"账户和"预付账款"账户所属相关明细账户的期末贷方余额计算填列

10.H公司年末"应收账款"账户的借方余额为100万元（其所属明细账户的贷方余额为5万元），"预收账款"账户的贷方余额为150万元（其所属明细账户的借方余额为15万元、贷方余额为165万元）。假定"应收账款"账户没有减值，则H公司年末资产负债表中"应收账款"项目的金额为（　　　）万元。

A.165　　　　　　　B.150　　　　　　　C.120　　　　　　　D.112

多项选择题（每题有两个或两个以上正确答案，请将正确答案的代号填入括号中）

1.下列各项中，属于资产负债表中"流动资产"项目的有（　　　）。

A.货币资金　　　　B.预收款项　　　　C.应收账款　　　　D.存货

2.编制资产负债表时，需根据有关总账账户期末余额分析计算填列的项目有（　　　）。

A.货币资金　　　　B.预付款项　　　　C.存货　　　　　　D.短期借款

3.资产负债表中，"存货"项目应根据（　　　）总账账户的合计数填列。

A.周转材料　　　　B.在途物资　　　　C.生产成本　　　　D.工程物资

4.在编制资产负债表时，应根据总账账户的期末贷方余额直接填列的项目有（　　　）。

A.实收资本　　　　B.盈余公积　　　　C.短期借款　　　　D.资本公积

5.资产负债表中，不能根据总账账户余额直接填列的项目有（　　　）。

A.应付票据　　　　B.货币资金　　　　C.存货　　　　　　D.预收款项

6.下列账户中，可能影响资产负债表中"应付账款"项目金额的有（　　　）。

A.应收账款　　　　B.预收账款　　　　C.应付账款　　　　D.预付账款

7.资产负债表中，"预收账款"项目应根据"（　　　）"账户所属各明细账的期末贷方余额合计数填列。

A.预付账款　　　　B.应收账款　　　　C.应付账款　　　　D.预收账款

8.资产负债表的数据来源，可以根据（　　　）。

A.总账账户余额直接填列　　　　　　　B.总账账户余额计算填列

C.记账凭证直接填列　　　　　　　　　D.明细账账户余额计算填列

9.下列各项中，属于资产负债表中"流动负债"项目的有（　　　）。

A.应付职工薪酬　　B.其他应付款　　　C.应交税费　　　　D.应付债券

10.资产负债表中，"预付账款"项目应根据（　　　）之和填列。

A."预付账款"明细账户的借方余额

B."预付账款"明细账户的贷方余额

C."应付账款"明细账户的借方余额

D."应付账款"明细账户的贷方余额

判断题（正确的打"√"，错误的打"×"）

1. 资产负债表中，"期末余额"栏各项目主要是根据总账或有关明细账本期发生额直接填列的。（　　）

2. 资产负债表中，"货币资金"项目应根据"银行存款"账户的期末余额直接填列。（　　）

3. 资产负债表中，"固定资产"项目应根据"固定资产"账户的期末余额，减去"累计折旧"和"固定资产减值准备"账户的期末余额后的金额，以及"固定资产清理"账户的期末余额填列。（　　）

4. 资产负债表中，"资产"项目是按资产流动性由小到大的顺序排列的。（　　）

5. 账户式资产负债表分左、右两方，右方为负债及所有者权益项目，一般按求偿权先后顺序排列。（　　）

6. 会计报表中项目数据的直接来源是原始凭证和记账凭证。（　　）

7. 资产负债表中，"盈余公积"项目应根据"盈余公积"账户的期末余额填列。（　　）

实训题

【实训目的】学会资产负债表中项目金额的计算方法。

【实训资料】某公司2023年11月30日有关账户的余额，见表8-1。

表8-1　　　　　　　　　　　某公司有关账户的余额

2023年11月30日　　　　　　　　　　单位：元

账户名称	借方余额	贷方余额
库存现金	6 800	
银行存款	158 000	
其他货币资金	24 000	
在途物资	15 600	
原材料	57 000	
周转材料	13 000	
库存商品	121 000	
生产成本	36 800	
应收利息	6 000	
应收账款	48 000	
其中：A公司	56 000	
B公司		8 000
应付账款		32 000

续表

账户名称	借方余额	贷方余额
其中：C公司	16 000	
D公司		48 000
预付账款	52 000	
其中：甲公司	64 000	
乙公司		12 000
预收账款		11 000
其中：丙公司		18 000
丁公司	7 000	
应付职工薪酬	25 400	
应付利息		4 500
本年利润		16 900
利润分配		5 100

【实训要求】计算该公司11月末资产负债表中下列项目的金额：

（1）货币资金；（2）存货；（3）应收账款；（4）应付账款；（5）预付款项；（6）预收款项；（7）应付职工薪酬；（8）未分配利润；（9）其他应收款；（10）其他应付款。

任务3 编制利润表

术语释义

利润表

填空题

1. 企业在利润表中应当对费用按照功能分类，分为_____、_____、_____、_____和_____等。

2. 企业利润表至少应当单独列示反映下列信息的项目有_____、_____、_____、_____、_____、_____、_____和_____。

3. 利润表的格式有_____和_____两种。《企业会计准则》规定，我国企业的利润表采用_____结构。

4. 利润表表头部分应列明_____、_____、_____和_____。

5. 净利润=_____-_____。

单项选择题（每题有一个正确答案，请将正确答案的代号填入括号中）

1. 利润表是反映（　　）的财务报表。

A. 企业在某一特定日期的财务状况

B. 企业在某一特定期间的财务状况

C. 企业在一定期间的经营成果

D. 企业在一定期间的营运资金来源和运用情况

2. 编制利润表主要是根据（　　）。

A. 资产、负债及所有者权益各账户的本期发生额

B. 资产、负债及所有者权益各账户的期末余额

C. 损益类各账户的本期发生额

D. 损益类各账户的期末余额

3. 下列各项中，不会影响营业利润增减变化的是（　　）。

A. 税金及附加　　　　B. 财务费用　　　　C. 投资收益　　　　D. 营业外支出

4. 下列各项中，不会影响利润总额增减变化的是（　　）。

A. 销售费用　　　　B. 管理费用　　　　C. 所得税费用　　　　D. 营业外收入

多项选择题（每题有两个或两个以上正确答案，请将正确答案的代号填入括号中）

1. 利润表中，"营业收入"项目的填列所依据的有（　　）。

A. "主营业务收入"账户的本期发生额

B. "其他业务收入"账户的本期发生额

C. "本年利润"账户的本期发生额

D. "投资收益"账户的本期发生额

2. 下列各项中，属于利润表提供的信息有（　　）。

A. 实现的营业收入　　　　　　　　B. 发生的营业成本

C. 营业利润　　　　　　　　　　　D. 企业的利润或亏损总额

3. 以下项目中，会影响营业利润计算的有（　　）。

A. 营业外收入　　　　　　　　　　B. 税金及附加

C. 营业成本　　　　　　　　　　　D. 管理费用

4. 下列影响利润总额计算的项目有（　　）。

A. 营业收入　　　　B. 营业外支出　　　　C. 营业外收入　　　　D. 投资收益

判断题（正确的打"√"，错误的打"×"）

1. 利润表中"营业成本"项目，反映企业销售产品和提供劳务等主要经营业务的销

售费用和实际发生的销售成本。   （   ）

2. 利润表中的各项目应根据有关损益类账户的本期发生额或余额分析计算填列。

（   ）

3. 利润表反映的是企业在特定日期的经营成果的报表，是企业主要会计报表之一。

（   ）

实训题

【**实训目的**】学会利润表中项目金额的计算方法。

【**实训资料**】某企业2023年11月份有关损益类账户的发生额，见表8-2。

表8-2   **某企业有关损益类账户的发生额**

2023年11月   单位：元

账户名称	借方发生额	贷方发生额	账户名称	借方发生额	贷方发生额
主营业务收入		590 000	其他业务收入		3 800
主营业务成本	350 000		其他业务成本	1 700	
税金及附加	45 500		投资收益		2 700
销售费用	8 400		营业外收入		4 800
管理费用	18 700		营业外支出	3 200	
财务费用	2 400		所得税费用	42 850	

【**实训要求**】编制该企业2023年11月份利润表，见表8-3。

表8-3   **利润表**   会企02表

编制单位：   年   月   单位：元

项目	本期金额	上期金额
一、营业收入		
减：营业成本		
税金及附加		
销售费用		
管理费用		
研发费用		
财务费用		
其中：利息费用		
利息收入		
加：其他收益		
投资收益（损失以"-"号填列）		
其中：对联营企业和合营企业的投资收益		
以摊余成本计量的金融资产终止确认收益（损失以"-"号填列）		
净敞口套期收益（损失以"-"号填列）		
公允价值变动收益（损失以"-"号填列）		
信用减值损失（损失以"-"号填列）		

续表

项目	本期金额	上期金额
资产减值损失（损失以"–"号填列）		
资产处置收益（损失以"–"号填列）		
二、营业利润（亏损以"–"号填列）		
加：营业外收入		
减：营业外支出		
三、利润总额（亏损总额以"–"号填列）		
减：所得税费用		
四、净利润（净亏损以"–"号填列）		
（一）持续经营净利润（净亏损以"–"号填列）		
（二）终止经营净利润（净亏损以"–"号填列）		
五、其他综合收益的税后净额		
（一）不能重分类进损益的其他综合收益		
1.重新计量设定受益计划变动额		
2.权益法下不能转损益的其他综合收益		
3.其他权益工具投资公允价值变动		
4.企业自身信用风险公允价值变动		
……		
（二）将重分类进损益的其他综合收益		
1.权益法下可转损益的其他综合收益		
2.其他债权投资公允价值变动		
3.金融资产重分类计入其他综合收益的金额		
4.其他债权投资信用减值准备		
5.现金流量套期储备		
6.外币财务报表折算差额		
……		
六、综合收益总额		
七、每股收益		
（一）基本每股收益		
（二）稀释每股收益		

企业法定代表人：李琴　　　　　　　　会计机构负责人：王慧

项目九　运用账务处理程序·提高会计核算效率

术语释义

1. 账务处理程序
2. 账簿组织
3. 记账程序

填空题

1. 记账凭证账务处理程序是指对发生的经济业务，先根据原始凭证或汇总原始凭证编制_____，再直接根据_____登记_____的一种账务处理程序。

2. 科目汇总表账务处理程序是指根据记账凭证定期编制_____，再根据_____登记_____的一种账务处理程序。

3. 汇总记账凭证账务处理程序是指根据原始凭证或原始凭证汇总表编制记账凭证，定期根据记账凭证分类编制_____、_____和_____，再根据_____登记_____的一种账务处理程序。

单项选择题（每题有一个正确答案，请将正确答案的代号填入括号中）

1. 不同的账务处理程序，其区别主要体现在（　　　　）。
A. 编制记账凭证的依据不同
B. 登记明细账的依据不同
C. 登记总账的依据和方法不同
D. 编制会计报表的依据不同

2. 下列各项中，不属于账务处理程序的合理组织过程的是（　　　　）。
A. 会计凭证　　　　B. 会计分录　　　　C. 会计账簿　　　　D. 会计报表

3. 账务处理程序的核心是（　　　　）。
A. 凭证组织　　　　B. 账簿组织　　　　C. 记账程序　　　　D. 报表组织

多项选择题（每题有两个或两个以上正确答案，请将正确答案的代号填入括号中）

1.企业常用的账务处理程序主要有（　　　）。

A.记账凭证账务处理程序　　　　　　B.科目汇总表账务处理程序

C.汇总记账凭证账务处理程序　　　　D.日记总账账务处理程序

2.在常见的账务处理程序中，共同的账务处理工作有（　　　）。

A.填制和取得原始凭证　　　　　　　B.编制记账凭证

C.填制科目汇总表　　　　　　　　　D.设置和登记总账

判断题（正确的打"√"，错误的打"×"）

1. 在各账务处理程序中，必须设置专用记账凭证，即分别设置收款凭证、付款凭证、转账凭证。　　　　　　　　　　　　　　　　　　　　　　　　　　　（　　）

2. 原始凭证可以作为登记明细分类账的直接依据。　　　　　　　　　　（　　）

任务2　运用记账凭证账务处理程序

术语释义

记账凭证账务处理程序

填空题

1. 记账凭证账务处理程序的特点是_____。

2. 记账凭证账务处理程序适用于_____、_____的单位。

单项选择题（每题有一个正确答案，请将正确答案的代号填入括号中）

1.记账凭证账务处理程序的特点是根据记账凭证逐笔登记（　　　）。

A.总分类账　　　　B.明细分类账　　　　C.日记账　　　　D.备查账

2.下列属于记账凭证账务处理程序的主要缺点的是（　　　）。

A.不能体现账户的对应关系　　　　　B.不便于查对账目

C.不便于会计合理分工　　　　　　　D.登记总账的工作量较大

多项选择题（每题有两个或两个以上正确答案，请将正确答案的代号填入括号中）

1.在各账务处理程序中，原始凭证是（　　）的依据。

A.编制汇总原始凭证

B.登记总账

C.填制记账凭证

D.登记明细账

2.在记账凭证账务处理程序下，应设置（　　）。

A.收款凭证、付款凭证、转账凭证或通用记账凭证

B.记账凭证汇总表

C.库存现金日记账和银行存款日记账

D.总分类账和明细分类账

判断题（正确的打"√"，错误的打"×"）

1.原始凭证汇总表也是一种记账凭证。　　　　　　　　　　　　　　　　（　　）

2.记账凭证账务处理程序的主要特点是将记账凭证分为收款凭证、付款凭证和转账凭证。　　　　　　　　　　　　　　　　　　　　　　　　　　　　　　　（　　）

3.记账凭证账务处理程序的特点是直接根据记账凭证登记总账，所以总账的登记工作简单，工作量较小。　　　　　　　　　　　　　　　　　　　　　　　　　（　　）

4.记账凭证账务处理程序适用于经济业务量较多的单位。　　　　　　　　（　　）

实训题

【实训目的】掌握记账凭证账务处理程序。

【实训资料】

1.某企业2023年11月初有关总分类账户的余额，见表9-1。

表9-1　　　　　　　　　　**某企业有关总分类账户的余额**

2023年11月　　　　　　　　　　　　　　　单位：元

账户名称	借方余额	账户名称	贷方余额
库存现金	800	短期借款	150 000
银行存款	120 000	应付账款	75 000
应收账款	67 200	应付利息	3 500
原材料	20 000	应交税费	4 500
库存商品	160 000	累计折旧	280 000
固定资产	850 000	实收资本	600 000
		利润分配	105 000
合计	1 218 000	合计	1 218 000

2.该企业2023年11月份发生如下经济业务：

（1）2日，金宁公司投入不需要安装的设备一台，取得的增值税专用发票上注明价格 132 743.36 元，增值税 17 256.64 元，当即投入使用。

（2）2日，从银行借入短期借款 180 000 元。

（3）5日，以银行存款购入汽车一辆，取得的增值税专用发票上注明价格 80 508.50 元，增值税 10 466.10 元，车辆购置税 4 025.40 元，当即投入使用。

（4）8日，购入材料一批，买价 80 000 元，进项税额 10 400 元，材料验收入库，款项未付。

（5）9日，从银行提取现金 2 000 元备用。

（6）10日，采购员李明预借差旅费 1 500 元，以现金支付。

（7）11日，以银行存款支付8日的购料款 90 400 元。

（8）11日，销售产品一批，售价 103 539.82 元，销项税额 13 460.18 元，款项已收存银行。

（9）13日，生产产品领用材料 60 000 元，厂部领用材料 3 000 元。

（10）15日，预收A企业货款 90 000 元，存入银行。

（11）16日，从银行提取现金 60 000 元，备发工资。

（12）16日，以现金发放工资 60 000 元。

（13）17日，采购员李明报销差旅费 1 380 元，余款 120 元以现金退回。

（14）18日，销售给A企业产品一批，售价 77 654.87 元，销项税额 10 095.13 元，同时将多余款项 2 250 元退回。

（15）19日，以银行存款支付展览费，取得普通发票，注明金额 6 000 元。

（16）20日，以现金支付厂部办公用品费 500 元。

（17）23日，收回前欠货款 45 000 元，存入银行。

（18）27日，将银行存款 3 000 元捐给希望工程。

（19）30日，分配结转本月应付职工薪酬：生产工人 50 000 元；车间管理人员 4 000 元；厂部管理人员 6 000 元。

（20）30日，预提本月短期借款利息 4 000 元。

（21）30日，计提本月固定资产折旧：车间 1 040 元；厂部 580 元。

（22）30日，将本月制造费用转入生产成本（假设企业仅生产一种产品并设置"制造费用"账户核算间接生产费用）。

（23）30日，结转完工产品成本（假设无月初和月末在产品）。

（24）30日，结转本月已销售产品成本 110 000 元。

（25）30日，将本月的收入转入"本年利润"账户。

（26）30日，将本月的成本费用转入"本年利润"账户。

【实训要求】

1.根据经济业务，编制会计分录。

2.根据经济业务，编制通用记账凭证。

3.根据上述记账凭证，登记库存现金日记账、银行存款日记账。

4.根据上述记账凭证，登记原材料、生产成本、制造费用、管理费用等有关的总分类账。

任务3　运用科目汇总表账务处理程序

术语释义

1. 科目汇总表
2. 科目汇总表账务处理程序

填空题

1. 科目汇总表的编制方法是根据一定时期内的全部_____，按照_____进行归类，定期汇总出每一个账户的_____和_____，填写在科目汇总表的相关栏内。
2. 任何格式的科目汇总表，均不能反映各个账户之间的_____。

单项选择题（每题有一个正确答案，请将正确答案的代号填入括号中）

1. 科目汇总表是根据（　　）编制的。
A.汇总原始凭证　　B.汇总记账凭证　　C.原始凭证　　　　D.记账凭证
2. 与记账凭证账务处理程序相比，科目汇总表账务处理程序增设了（　　）。
A.原始凭证汇总表　B.汇总原始凭证　　C.科目汇总表　　　D.汇总记账凭证
3. 下列不能作为登记明细账依据的是（　　）。
A.原始凭证　　　　B.科目汇总表　　　C.汇总原始凭证　　D.记账凭证

多项选择题（每题有两个或两个以上正确答案，请将正确答案的代号填入括号中）

1. 科目汇总表定期汇总的是各账户的（　　）。
A.期初余额　　　　　　　　　　B.期末余额
C.本期借方发生额　　　　　　　D.本期贷方发生额
2. 以下不属于科目汇总表账务处理程序特点的有（　　）。
A.简化了编制报表的工作量　　　B.简化了登记总账的工作量
C.便于分工核算　　　　　　　　D.反映账户的对应关系
3. 以下属于科目汇总表账务处理程序特点的有（　　）。
A. 根据原始凭证和原始凭证汇总表填制记账凭证
B. 根据记账凭证编制科目汇总表

C.根据科目汇总表登记总分类账

D.根据总分类账和明细分类账编制会计报表

4.在科目汇总表账务处理程序下，不能作为登记总账直接依据的有（　　）。

A.原始凭证　　　　B.汇总原始凭证　　　C.科目汇总表　　　　D.原始凭证汇总表

5.下列属于科目汇总表账务处理程序优点的有（　　）。

A.反映的内容详细　　　　　　　　B.简化总账登记

C.便于试算平衡　　　　　　　　　D.反映账户的对应关系

判断题（正确的打"√"，错误的打"×"）

1.科目汇总表必须按旬汇总。（　　）

2.科目汇总表是企业定期对全部记账凭证进行汇总后，按照不同的会计科目分别列示各账户借方发生额和贷方发生额的一种汇总凭证。（　　）

3.在编制科目汇总表时，为便于科目归类汇总，一般要求记账凭证中科目的对应关系为"一借一贷"。（　　）

4.在科目汇总表账务处理程序下，以科目汇总表作为登记总账和明细账的依据。（　　）

5.科目汇总表账务处理程序的主要特点是根据汇总记账凭证登记总账。（　　）

6.科目汇总表不仅可以减轻登记总账的工作量，还可以起到试算平衡作用，从而保证总账登记的正确性。（　　）

实训题

【实训目的】掌握科目汇总表账务处理程序。

【实训资料】本项目任务2的实训资料及编制的记账凭证。

【实训要求】

1.编制科目汇总表，每半个月汇总一次。

2.根据科目汇总表，登记银行存款、原材料、生产成本、制造费用、管理费用的总分类账，并结出余额。

任务4　运用汇总记账凭证账务处理程序

术语释义

1.汇总记账凭证

2.汇总记账凭证账务处理程序

填空题

1. 汇总记账凭证可以分为_____、_____和_____。
2. 汇总收款凭证应分别按"_____"账户和"_____"账户的借方进行编制。
3. 汇总付款凭证应分别按"库存现金"账户和"银行存款"账户的_____进行编制。
4. 汇总转账凭证通常根据所设置账户的_____进行编制。
5. 汇总记账凭证账务处理程序的特点是先根据记账凭证编制_____，再根据_____登记_____。

单项选择题（每题有一个正确答案，请将正确答案的代号填入括号中）

1. 汇总记账凭证是依据（　　）编制的。
A. 原始凭证　　　　　　　　　　　B. 记账凭证
C. 原始凭证汇总表　　　　　　　　D. 记账凭证汇总表
2. 汇总收款凭证的借方科目可能是（　　）。
A. 原材料或周转材料　　　　　　　B. 生产成本或制造费用
C. 库存现金或银行存款　　　　　　D. 应收账款或应付账款
3. 下列属于汇总记账凭证账务处理程序的优点的是（　　）。
A. 便于进行分工核算　　　　　　　B. 便于了解账户间的对应关系
C. 简化了凭证的编制工作量　　　　D. 简化了报表的编制工作量
4. 既能减轻登记总账工作量，又能反映账户对应关系的账务处理程序是（　　）。
A. 记账凭证账务处理程序　　　　　B. 科目汇总表账务处理程序
C. 汇总记账凭证账务处理程序　　　D. 日记总账账务处理程序
5. 汇总记账凭证账务处理程序与科目汇总表账务处理程序的相同点是（　　）。
A. 登记总账的依据相同　　　　　　B. 记账凭证的汇总方法相同
C. 保持了账户的对应关系　　　　　D. 减轻登记总账的工作量
6. 在各种账务处理程序中，不能作为登记总账依据的是（　　）。
A. 记账凭证　　　　　　　　　　　B. 汇总原始凭证
C. 汇总记账凭证　　　　　　　　　D. 科目汇总表

多项选择题（每题有两个或两个以上正确答案，请将正确答案的代号填入括号中）

1. 各种账务处理程序的共同点是（　　）。
A. 登记库存现金日记账的依据相同　　B. 登记明细账的依据相同
C. 登记总账的依据相同　　　　　　D. 编制会计报表的依据相同
2. 为了便于填制汇总转账凭证，平时填制转账凭证时，应尽可能使账户的对应关系保持（　　　）。

    A.一借一贷　　　　　B.一贷多借　　　　　C.一借多贷　　　　　D.多借多贷

3.在汇总记账凭证账务处理程序下，据以登记明细分类账的依据有（　　　）。

    A.原始凭证　　　　　B.汇总原始凭证　　　C.记账凭证　　　　　D.汇总记账凭证

4.下列属于汇总记账凭证账务处理程序的特点的有（　　　）。

    A.根据原始凭证编制汇总原始凭证　　　B.根据记账凭证定期编制科目汇总表

    C.根据记账凭证定期编制汇总记账凭证　D.根据汇总记账凭证登记总账

5.与科目汇总表账务处理程序相比，汇总记账凭证账务处理程序中的汇总记账凭证主要特点有（　　　）。

    A.反映账户的对应关系　　　　　　　　B.不反映账户的对应关系

    C.分类汇总经济业务　　　　　　　　　D.全部汇总经济业务

判断题（正确的打"√"，错误的打"×"）

1.汇总记账凭证和科目汇总表的编制依据和方法相同。　　　　　　　　　　（　　）

2.在汇总记账凭证账务处理程序下，库存现金日记账和银行存款日记账只能根据汇总收款凭证登记。　　　　　　　　　　　　　　　　　　　　　　　　　　　（　　）

3.汇总记账凭证账务处理程序便于了解账户之间的对应关系，并可以做到试算平衡。　　　　　　　　　　　　　　　　　　　　　　　　　　　　　　　　　（　　）

实训题

【实训目的】掌握汇总记账凭证账务处理程序。

【实训资料】本项目任务2的实训资料及编制的记账凭证。

【实训要求】

1.编制汇总收款凭证、汇总付款凭证和汇总转账凭证。

2.根据汇总记账凭证，登记银行存款、原材料、生产成本、制造费用、管理费用的总分类账，并结出余额。

项目十 认知会计资料·保管会计档案

任务1 认知会计档案

术语释义

会计档案

填空题

1. 会计档案的内容一般是指_____、_____、_____和_____四个部分。

2. 会计档案中，会计报表包括_____、_____、_____等。

单项选择题（每题有一个正确答案，请将正确答案的代号填入括号中）

1. 库存现金日记账属于（   ）会计档案。

A. 会计凭证类　　　　　　　　　　B. 会计账簿类

C. 财务会计报告类　　　　　　　　D. 其他会计资料类

2. 经济合同属于（   ）会计档案。

A. 会计凭证类　　　　　　　　　　B. 会计账簿类

C. 财务会计报告类　　　　　　　　D. 其他会计资料类

多项选择题（每题有两个或两个以上正确答案，请将正确答案的代号填入括号中）

1. 会计档案包括（   ）。

A. 会计凭证类　　　　　　　　　　B. 会计账簿类

C. 财务会计报告类　　　　　　　　D. 其他会计资料类

2. 下列属于会计档案的作用的有（   ）。

A. 检查各单位遵守财经纪律情况的客观依据

B. 各单位总结经营管理经验的重要参考资料

C. 为解决经济纠纷，处理遗留的经济事务提供依据

D. 具有重要的史料价值

判断题（正确的打"√"，错误的打"×"）

1. 会计档案分类的方法包括按年度—名称分类法。　（　　）
2. 会计档案分类的方法包括按年度—保管期限分类法。　（　　）

任务2　掌握会计档案的归档保管、使用和销毁办法

术语释义

会计档案归档

填空题

1. 会计档案按保管期限是否确定，可分为_____和_____。
2. 定期会计档案的保管期限分为_____和_____。

单项选择题（每题有一个正确答案，请将正确答案的代号填入括号中）

1. 原始凭证和记账凭证的保管期限为（　　）。
A.5年　　　　　B.10年　　　　　C.15年　　　　　D.30年
2. 企业的库存现金日记账、银行存款日记账的保管期限为（　　）。
A.5年　　　　　B.15年　　　　　C.25年　　　　　D.30年
3. 企业的总账保管期限为（　　）。
A.5年　　　　　B.15年　　　　　C.30年　　　　　D.永久
4. 银行存款余额调节表、银行对账单应当保存（　　）。
A.5年　　　　　B.10年　　　　　C.15年　　　　　D.永久
5. 企业月度、季度财务报告的保管期限为（　　）。
A.5年　　　　　B.10年　　　　　C.30年　　　　　D.永久
6. 企业年度财务报告（决算）的保管期限为（　　）。
A.5年　　　　　B.15年　　　　　C.30年　　　　　D.永久
7. 下列会计资料中，不属于会计档案的是（　　）。
A.记账凭证　　　　　　　　　　B.会计移交清册
C.年度生产任务计划　　　　　　D.银行对账单
8. 一般企事业单位销毁保管期满的会计档案时，应由（　　）负责。
A.本单位的档案机构和会计机构共同派人　　　　　　B.主管部门派人

C.同级财政部门派人　　　　　　　　D.同级财政和审计部门派人

9.如果单位内部人员因特殊原因需要使用原始凭证，经本单位负责人批准（　　　）。

A.可以借出　　　　　　　　　　　　B.只可以查阅不能复制

C.不可查阅或复制　　　　　　　　　D.可以查阅或复制

10.根据《会计档案管理办法》，单位合并后原单位解散或者一方存续其他方解散的，原各单位的会计档案应当由（　　　）保管。

A.档案局　　　　　　　　　　　　　B.原单位主管部门

C.财政部门　　　　　　　　　　　　D.合并后的存续单位

多项选择题（每题有两个或两个以上正确答案，请将正确答案的代号填入括号中）

1.下列档案中，需要永久保管的会计档案有（　　　）。

A.记账凭证　　　　　　　　　　　　B.会计档案销毁清册

C.企业总账　　　　　　　　　　　　D.年度财务会计报告

2.下列属于企业会计档案的有（　　　）。

A.原始凭证　　　　　　　　　　　　B.固定资产卡片

C.会计移交清册　　　　　　　　　　D.银行对账单

3.下列关于会计档案管理的说法，正确的有（　　　）。

A.会计档案的保管期限从会计档案形成后的第一天算起

B.单位合并后原各单位仍然存续的，其会计档案仍应当由原各单位保管

C.出纳人员不得兼任会计档案的保管工作

D.单位负责人应在会计档案销毁清册上签署意见

判断题（正确的打"√"，错误的打"×"）

1.会计档案的定期保管期限有3年、5年、10年、15年、25年。（　　　）

2.会计档案的保管期限从会计年度终了后的第一天算起。（　　　）

3.当年形成的会计档案，在会计年度终了后，可暂由本单位会计机构保管1年。（　　　）

4.采用电子计算机进行会计核算的单位，不需要保存纸质会计档案。（　　　）

5.单位内部人员查阅会计档案时，经单位负责人批准后，可以借出查阅。（　　　）

实训题

【实训目的】掌握会计档案的保管年限。

【实训资料】会计档案保管年限配对表，见表10-1。

表 10-1 会计档案保管年限配对表

档案名称	保管年限
原始凭证	
记账凭证	
总账	
明细账	10年
银行存款日记账	
月、季度财务会计报告	
年度财务会计报告（决算）	30年
会计档案保管清册	
银行存款余额调节表	
银行对账单	永久

【实训要求】用直线连接以上所列档案名称和其对应的保管年限。

附录　参考答案

项目一　走进公司企业·认知会计概念

任务1　认知公司企业·了解企业经营流程

术语释义

1. 企业是指以营利为目的，运用各种生产要素（土地、劳动力、资本、技术和企业家才能等），向市场提供商品或服务，实行自主经营、自负盈亏、独立核算的具有法人资格的社会经济组织。

2. 法人是指依照法定程序成立并能独立行使法定权利和承担法律义务的社会组织。

3. 公司是企业法人，有独立的法人财产，享有法人财产权。公司以其全部财产对公司的债务承担责任。

4. 有限责任公司是指根据《中华人民共和国公司登记管理条例》的规定登记注册，由五十个以下的股东出资设立，每个股东以其所认缴的出资额对公司承担有限责任，公司以其全部资产对其债务承担责任的经济组织。

5. 股份有限公司是指将全部资本划分为等额股份，股东以其认购的股份为限对公司承担责任，公司以全部财产对公司债务承担责任的法人。

填空题

1. 独资企业；合伙企业；公司。
2. 有限责任公司；股份有限公司。
3. 供应过程；生产过程；销售过程。

单项选择题

题号	1	2	3	4
答案	A	B	D	B

多项选择题

题号	1	2	3
答案	BCD	ABCD	AC

判断题

题号	1	2	3
答案	×	√	√

任务2　认知会计基本知识·理解会计基本假设

术语释义

1. 会计是指以货币为主要计量单位，采用专门的方法，核算和监督一个单位经济活动的经济管理工作。

2. 会计核算职能是指以货币为主要计量单位，对特定主体的经济活动进行确认、计量和报告。

3. 会计监督职能是指对特定主体的经济活动和相关会计核算的真实性、合法性和合理性进行监督审查。

4. 会计对象是指会计核算和监督的内容，具体是指社会再生产过程中能以货币表现的经济活动，即资金运动或价值运动。

5. 会计目标是要求会计工作完成的任务或达到的标准，即向财务会计报告使用者提供与企业财务状况、经营成果和现金流量等有关的会计信息，有助于财务会计报告使用者作出经济决策。

6. 会计基本假设是企业会计确认、计量和报告的前提，是对会计核算所处的时间、空间环境等所作的合理设定。

7. 会计主体是指企业会计确认、计量和报告的空间范围，即会计核算和监督的特定单位或组织。

8. 持续经营是指在可以预见的未来，企业将会按当前的规模和状态继续经营下去，不会停业，也不会大规模削减业务。

9. 会计分期是指将一个企业持续经营的生产经营活动划分为一个个连续的、长短相同的期间，以便分期结算账目和编制财务会计报告。

10.货币计量是指会计主体在会计确认、计量和报告时以货币作为计量尺度，反映会计主体的经济活动。

填空题

1.货币；核算；监督；经济管理。
2.核算；监督。
3.事前监督；事中监督；事后监督。
4.预测经济前景；参与经济决策；评价经营业绩。
5.真实性；合法性；合理性。
6.会计主体；持续经营；会计分期；货币计量。

单项选择题

题号	1	2	3	4	5	6
答案	A	D	B	B	A	C

多项选择题

题号	1	2	3
答案	ACD	BD	ACD

判断题

题号	1	2	3	4	5
答案	×	√	×	×	√

任务3　认知会计基础·了解核算方法

术语释义

1.会计基础是指会计确认、计量和报告的基础。
2.权责发生制，也称应计制或应收应付制，是指收入、费用的确认应当以收入和费用的实际发生作为确认的标准，合理确认当期损益的一种会计基础。

3. 收付实现制，也称现金制，是指以收到或支付现金作为确认收入和费用的标准。

4. 会计核算方法是指对会计对象进行连续、系统、全面、综合的确认、计量和报告所采用的各种方法。

5. 会计循环是指按照一定的步骤反复运行的会计程序。

填空题

1. 权责发生制；收付实现制。

2. 收入和费用；利润表；收入和费用。

3. 时间；权责关系的实际发生期间。

4. 设置会计科目和账户；复式记账；填制和审核会计凭证；登记会计账簿；成本计算；财产清查；编制财务会计报告。

单项选择题

题号	1	2	3
答案	B	A	A

多项选择题

题号	1	2
答案	AC	ABC

判断题

题号	1	2
答案	×	×

任务4 认知会计信息使用者·理解会计信息质量要求

术语释义

1. 可靠性，要求企业应当以实际发生的交易或者事项为依据进行确认、计量和报告，如实反映符合确认和计量要求的各项会计要素及其他相关信息，保证会计信息真实可靠、内容完整。

2. 相关性，要求企业提供的会计信息应当与投资者等财务报告使用者的经济决策需要相关，有助于财务会计报告使用者对企业过去和现在的情况作出评价，对未来情况作出预测。

3. 可理解性，要求企业提供的会计信息应当清晰明了，便于投资者等财务报告使用者理解和使用。

4. 可比性，要求企业提供的会计信息应当相互可比，保证同一企业不同时期可比、不同企业相同会计期间可比。

5. 实质重于形式，要求企业应当按照交易或者事项的经济实质进行会计确认、计量和报告，不应仅以交易或者事项的法律形式为依据。

6. 重要性，要求企业提供的会计信息应当反映与企业财务状况、经营成果和现金流量有关的所有重要交易或者事项。

7. 谨慎性，要求企业在对交易或者事项进行会计确认、计量和报告时，应当保持应有的谨慎，不应高估资产或者收益、低估负债或者费用。

8. 及时性，要求企业对于已经发生的交易或者事项，应当及时进行确认、计量和报告，不得提前或者延后。

填空题

1. 投资者；债权人；企业管理者；政府及相关部门；社会公众。
2. 可靠性；相关性；可理解性；可比性；实质重于形式；重要性；谨慎性；及时性。

单项选择题

题号	1	2	3	4	5	6	7	8	9	10
答案	A	B	C	D	D	D	B	A	A	B

多项选择题

题号	1	2
答案	ABCD	AC

判断题

题号	1	2
答案	×	√

项目二　认知会计要素·建立会计等式

任务1　认知财务状况会计要素

术语释义

1. 会计要素是指根据交易或者事项的经济特征所确定的财务会计对象的基本分类。

2. 财务状况是指企业某一特定日期的资产、负债和所有者权益情况，是资金运动的静态表现。

3. 资产是指企业过去的交易或者事项形成的，并由企业拥有或者控制的，预期会给企业带来经济利益的资源。

4. 负债是指企业过去的交易或者事项形成的、预期会导致经济利益流出企业的现时义务。

5. 所有者权益是指企业资产扣除负债后由所有者享有的剩余权益。

填空题

1. 资产；负债；所有者权益。

2. 流动资产；非流动资产；流动负债；非流动负债。

3. 所有者投入的资本；其他权益工具；其他综合收益；专项储备；留存收益。

单项选择题

题号	1	2	3	4	5	6	7	8	9	10
答案	B	A	B	C	D	B	A	A	C	A

多项选择题

题号	1	2	3	4	5	6
答案	ABC	ABC	ABC	ABCD	AD	AB

判断题

题号	1	2	3	4	5	6
答案	×	√	√	√	√	√

实训题

在表2-1的资产、负债及所有者权益情况中，各项目的要素类别如下：

（1）资产：第1项、第2项、第6项、第7项、第8项、第9项、第10项、第13项、第15项、第16项、第17项、第20项、第21项。

（2）负债：第3项、第5项、第11项、第12项、第14项。

（3）所有者权益：第4项、第18项、第19项。

任务2 认知经营成果会计要素

术语释义

1. 收入是指企业在日常活动中形成的、会导致所有者权益增加的、与所有者投入资本无关的经济利益的总流入。

2. 费用是指企业在日常活动中发生的、会导致所有者权益减少的、与向所有者分配利润无关的经济利益的总流出。

3. 利润是指企业在一定会计期间的经营成果，包括收入减去费用后的净额、直接计入当期利润的利得和损失等。

填空题

1. 主营业务收入；其他业务收入。

2. 商品销售收入；提供劳务收入；让渡资产使用权收入。

3. 生产费用；期间费用。

4. 营业利润；利润总额；净利润。

单项选择题

题号	1	2	3	4	5	6	7	8
答案	A	B	A	A	B	C	D	B

多项选择题

题号	1	2	3	4	5
答案	ABD	ABD	ABC	ABC	BCD

判断题

题号	1	2	3	4
答案	√	√	×	×

实训题

会计科目与会计要素配对表，见附表2-1。

附表2-1　　　　　会计科目与会计要素配对表

项目	会计要素
投资收益	收入
主营业务收入	
其他业务收入	
主营业务成本	费用
其他业务成本	
管理费用	
财务费用	利润
销售费用	
营业外收入	
营业外支出	
本年利润	

任务3 应用会计等式

术语释义

1. 会计等式，又称会计恒等式、会计方程式或会计平衡公式，是表明各会计要素之间基本关系的等式。

2. 经济业务是指能引起会计要素发生增减变化的业务事项。

填空题

1. 资产；负债；所有者权益；收入；费用；利润。

2. 经济资源；经济资源的来源。

3. 复式记账法；设置账户；试算平衡；编制资产负债表。

4. 负债；所有者权益。

5. 债权人权益；所有者权益。

单项选择题

题号	1	2	3	4	5	6	7	8
答案	D	C	B	D	A	B	A	C
题号	9	10	11	12	13	14	15	16
答案	A	C	B	C	C	D	C	D

多项选择题

题号	1	2	3	4	5	6	7	8	9	10
答案	ABC	AC	ABD	BC	AB	CD	AB	ABC	BD	AB

判断题

题号	1	2	3	4	5
答案	×	√	√	√	×

实训题

经济业务按会计要素分类表，见附表2-2。

附表2-2   **经济业务按会计要素分类表**   单位：元

业务序号	资产		负债		所有者权益	
	期初余额：875 000		期初余额：412 000		期初余额：463 000	
	增加	减少	减少	增加	减少	增加
1	60 000	60 000				
2	12 000					12 000
3	20 000	20 000				
4			250 000			250 000
5	120 000			120 000		
6		150 000	150 000			
7					30 000	30 000
8			50 000	50 000		
9				70 000	70 000	
10		50 000			50 000	
合计	期末余额：807 000		期末余额：202 000		期末余额：605 000	

项目三　设置会计科目·使用复式记账

任务1　设置会计科目和账户

术语释义

1. 会计科目，简称科目，是对会计要素的具体内容进行分类核算的项目。

2. 账户是根据会计科目设置的，具有一定格式和结构，用于分类反映会计要素增减变动情况及其结果的载体。

填空题

1. 资产类科目；负债类科目；所有者权益类科目；成本类科目；损益类科目。
2. 总分类科目；明细分类科目。
3. 合法性原则；相关性原则；实用性原则。
4. 账户名称；日期；凭证字号；摘要；金额。
5. 期初余额；期末余额。
6. 期初余额；期末余额；本期增加发生额；本期减少发生额。
7. 期初余额+本期增加发生额−本期减少发生额。

单项选择题

题号	1	2	3	4	5	6	7	8	9	10
答案	A	B	A	A	A	A	B	B	B	A
题号	11	12	13	14	15	16	17	18	19	20
答案	D	D	D	D	C	C	C	B	B	C

多项选择题

题号	1	2	3	4	5	6
答案	BC	ACD	ABD	AC	ABCD	BC

判断题

题号	1	2	3	4	5	6	7
答案	√	×	×	√	×	√	√

实训题

实训一

大华有限公司相关账户的分类及其余额，见附表3-1。

附表3-1　　　　　　　　　　　　**大华有限公司相关账户的分类及其余额**　　　　　　　　　　单位：元

资　　产		负　　债		所有者权益	
账户	余额	账户	余额	账户	余额
库存现金	8 915	短期借款	50 000	实收资本	650 000
银行存款	135 006	应付账款	34 500	盈余公积	32 188
交易性金融资产	75 000	预收账款	35 000	利润分配	50 000
应收票据	30 000	应付职工薪酬	38 000		
应收账款	187 007	应交税费	64 000		
预付账款	50 000	应付利息	340		
其他应收款	3 000	其他应付款	80 000		
原材料	40 000	长期借款	45 000		
库存商品	120 000				
在途物资 （材料采购）	20 100				
周转材料	10 000				
固定资产	534 000				
累计折旧	−134 000				
合计	1 079 028	合计	346 840	合计	732 188

实训二

大庆有限公司部分账户的发生额及余额，见附表3-2。

附表3-2　　　　　　　　**大庆有限公司部分账户的发生额及余额**

2023年10月　　　　　　　　　　　　　　　　　　　　　　单位：元

账户名称	期初余额	本期增加发生额	本期减少发生额	期末余额
库存现金	（1 500）			
银行存款				（302 000）
应收账款			（140 000）	
原材料		（33 000）		
库存商品			（320 000）	
其他应收款		（10 000）		
固定资产	（800 000）			
累计折旧				（87 500）
应付账款		（34 000）		
应付职工薪酬	（247 000）			
应交税费				（20 000）
其他应付款			（40 000）	
生产成本				（83 000）
实收资本		（700 000）		
盈余公积				（40 000）

任务2　认知复式记账、运用借贷记账法

术语释义

1. 单式记账法是指对发生的每一项经济业务，只在一个账户中加以登记的记账方法。

2. 复式记账法是指对于每一笔经济业务，都必须用相等的金额在两个或两个以上相互联系的账户中进行登记，全面系统地反映会计要素增减变化的一种记账方法。

3. 借贷记账法是以"借"和"贷"作为记账符号的一种复式记账方法。

4. 记账规则是指采用某种记账方法登记具体经济业务时应当遵循的规律。

填空题

1. 期初借方余额+本期借方发生额−本期贷方发生额。

2. 期初贷方余额+本期贷方发生额−本期借方发生额。

3. 借贷记账法。

4. "有借必有贷，借贷必相等"。

单项选择题

题号	1	2	3	4	5	6	7
答案	A	A	B	B	B	D	C

多项选择题

题号	1	2
答案	CD	ABCD

判断题

题号	1	2	3
答案	√	×	√

实训题

保洁有限公司部分账户的发生额及余额，见附表3-3。

附表3-3 保洁有限公司部分账户的发生额及余额

2023年6月 单位：元

账户名称	期初余额		本期发生额		期末余额	
	借方	贷方	借方	贷方	借方	贷方
库存现金				(9 113)		
银行存款			(81 000)			
应收账款					(88 900)	
预付账款	(50 000)					
原材料				(170 372)		
库存商品			(111 000)			
固定资产	(219 0000)					
累计折旧						(171 000)
短期借款			(50 000)			
应付账款				(49 956)		
应付职工薪酬						(90 000)
应交税费		(30 000)				
实收资本				(600 000)		
盈余公积						(70 000)
利润分配			(293 445)			

任务3 编制会计分录及试算平衡

术语释义

1. 账户的对应关系是指采用借贷记账法对每笔交易或事项进行记录时，相关账户之间形成的应借、应贷的相互关系。

2.会计分录是对每项经济业务列示出应借、应贷的账户名称及其金额的一种记录。

3.试算平衡是指根据借贷记账法的记账规则和资产与权益的恒等关系，通过对所有账户的发生额和余额的汇总计算和比较，以检查记录是否正确的一种方法。

填空题

1.对应账户。

2.应借应贷方向；相互对应的科目；金额。

3.简单会计分录；复合会计分录。

4.资产=负债+所有者权益。

单项选择题

题号	1	2	3	4
答案	A	B	D	C

多项选择题

题号	1	2	3	4	5
答案	ABCD	ABD	AD	ABCD	CD

判断题

题号	1	2	3	4	5	6	7
答案	√	√	×	√	√	√	√

实训题

实训一

1.会计分录：

（1）借：应付账款——明亮公司　　　　　　　　　　　　　30 000

　　　　贷：银行存款　　　　　　　　　　　　　　　　　　　　30 000

（2）借：银行存款   60 000

     贷：短期借款   60 000

（3）借：银行存款   120 000

     贷：实收资本——段勇   120 000

（4）借：库存现金   15 000

     贷：银行存款   15 000

（5）借：盈余公积   30 000

     贷：实收资本   30 000

（6）借：应付账款——蓝天公司   30 000

     贷：应付票据   30 000

（7）借：应付账款   200 000

     贷：实收资本   200 000

（8）借：利润分配   60 000

     贷：应付股利   60 000

（9）借：实收资本   20 000

     贷：银行存款   20 000

2.保洁有限公司账户发生额试算平衡表，见附表3-4：

附表3-4   **保洁有限公司账户发生额试算平衡表**

2023年7月   单位：元

账户名称	本期发生额	
	借方	贷方
库存现金	15 000	
银行存款	180 000	65 000
短期借款		60 000
应付票据		30 000
应付账款	260 000	
应付股利		60 000
实收资本	20 000	350 000
盈余公积	30 000	
利润分配	60 000	
合 计	565 000	565 000

实训二

1.根据资料1开设"T"形账户，并过入期初余额。

（略）

2.会计分录：

（1）借：银行存款　　　　　　　　　　　　　　　　　100 000

　　　　贷：短期借款　　　　　　　　　　　　　　　　　100 000

（2）借：应付账款——甲公司　　　　　　　　　　　　210 600

　　　　贷：银行存款　　　　　　　　　　　　　　　　　210 600

（3）借：原材料——A材料　　　　　　　　　　　　　250 000

　　　　贷：应付账款——乙公司　　　　　　　　　　　　250 000

（4）借：应交税费　　　　　　　　　　　　　　　　　85 189

　　　　贷：银行存款　　　　　　　　　　　　　　　　　85 189

（5）借：银行存款　　　　　　　　　　　　　　　　　4 000

　　　　贷：库存现金　　　　　　　　　　　　　　　　　4 000

（6）借：应收账款　　　　　　　　　　　　　　　　　267 800

　　　　贷：主营业务收入　　　　　　　　　　　　　　　267 800

（7）借：固定资产　　　　　　　　　　　　　　　　　500 000

　　　　　银行存款　　　　　　　　　　　　　　　　　100 000

　　　　贷：实收资本　　　　　　　　　　　　　　　　　600 000

（8）借：长期借款　　　　　　　　　　　　　　　　　200 000

　　　　贷：银行存款　　　　　　　　　　　　　　　　　200 000

（9）借：银行存款　　　　　　　　　　　　　　　　　140 400

　　　　贷：应收账款——丁公司　　　　　　　　　　　　140 400

（10）借：固定资产　　　　　　　　　　　　　　　　　200 000

　　　　贷：银行存款　　　　　　　　　　　　　　　　　200 000

（11）借：短期借款　　　　　　　　　　　　　　　　　150 000

　　　　贷：银行存款　　　　　　　　　　　　　　　　　150 000

（12）借：应付账款——乙公司　　　　　　　　　　　　250 000

　　　　贷：银行存款　　　　　　　　　　　　　　　　　250 000

（13）借：制造费用　　　　　　　　　　　　　　　　　30 000

　　　　　管理费用　　　　　　　　　　　　　　　　　20 000

　　　　贷：累计折旧　　　　　　　　　　　　　　　　　50 000

（14）借：主营业务成本　　　　　　　　　　　　　　　120 000

　　　　贷：库存商品　　　　　　　　　　　　　　　　　·120 000

3.根据会计分录逐笔登记"T"形账户，并结出期末余额。

（略）

4.编制欣欣有限公司账户发生额及余额试算平衡表，见附表3-5。

附表3-5　　　　　　　欣欣有限公司账户发生额及余额试算平衡表

2023年8月　　　　　　　　　　　　　　　　单位：元

账户名称	期初余额		本期发生额		期末余额	
	借方	贷方	借方	贷方	借方	贷方
库存现金	14 000			4 000	10 000	
银行存款	889 265		344 400	1 095 789	137 876	
应收账款	140 400		267 800	140 400	267 800	
原材料	321 124		250 000		571 124	
库存商品	230 000			120 000	110 000	
固定资产	500 0000		700 000		570 0000	
累计折旧		100 0000		50 000		105 0000
短期借款		150 000	150 000	100 000		100 000
应付账款		210 600	460 600	250 000		0
应交税费		135 189	85 189			50 000
长期借款		500 000	200 000			300 000
实收资本		456 5000		600 000		516 5000
盈余公积		34 000				34 000
制造费用			30 000		30 000	
管理费用			20 000		20 000	
主营业务收入				267 800		267 800
主营业务成本			120 000		120 000	
合计	659 4789	659 4789	262 7989	262 7989	696 6800	696 6800

项目四　填写原始凭证·编制记账凭证

任务1　识别原始凭证

术语释义

1. 会计凭证是记录经济业务发生或完成情况的书面证明，也是登记会计账簿的依据。

2. 原始凭证，又称单据，是指在经济业务发生或完成时取得或填制的，用以记录或证明经济业务的发生或完成情况的原始凭据。

3. 银行承兑汇票是由在承兑银行开立存款账户的存款人出票，向开户银行申请并经银行审查同意承兑的，保证在指定日期无条件支付确定的金额给收款人或持票人的票据。

4. 银行本票是申请人将款项交存银行，由银行签发的承诺自己在见票时无条件支付确定的金额给收款人或者持票人的票据。

5. 进账单是持票人或收款人将票据款项存入收款人在银行账户的凭证，也是银行将票据款项记入收款人账户的凭证。

填空题

1. 法律效力。

2. 自制原始凭证；外来原始凭证。

3. 通用凭证；专用凭证。

4. 一次凭证；累计凭证；汇总凭证。

5. 凭证名称；凭证号码；填制日期；填制凭证单位名称或填制人姓名；经办人员的签章；接收凭证单位名称；经济业务内容；数量、单价和金额。

6. 支取现金；转账。

单项选择题

题号	1	2	3	4	5	6	7
答案	A	D	A	C	B	D	C

多项选择题

题号	1	2	3	4	5	6
答案	ABD	ABC	AD	ABD	ACD	BC

判断题

题号	1	2	3
答案	√	√	√

实训题

原始凭证种类连接，见附表4-1。

附表4-1　　　　　　　　　　　　　　原始凭证种类连接

具体原始凭证	凭证种类
增值税专用发票发票联	自制原始凭证
现金支票存根联	外来原始凭证
收料单	通用凭证
借款单	专用凭证
限额领料单	一次凭证
发料凭证汇总表	累计凭证
差旅费报销单	汇总凭证

任务2　填制与审核原始凭证

术语释义

1. 原始凭证的合法性审核是指审核所记录的经济业务是否违反了国家法律法规，是否履行了规定的凭证传递和审核程序，是否有贪污舞弊等行为。

2. 原始凭证的合理性审核是指审核所记录的经济业务是否符合企业生产经营活动的需要，是否符合有关的计划和预算等。

3. 原始凭证的及时性审核是指审核原始凭证应在经济业务发生或完成时及时填制、传递，审核时应注意审查凭证的填写日期。

填空题

1. 记录真实；内容完整；手续完备；书写清楚、规范；连续编号；不得涂改、刮擦、挖补；填制及时。

2. 真实性；合法性；合理性；完整性；正确性；及时性。

单项选择题

题号	1	2	3	4	5
答案	D	C	D	C	D

多项选择题

题号	1	2
答案	ABCD	ACD

判断题

题号	1	2	3
答案	×	×	×

实训题

【业务1】收料单一，如附图4-1所示。

收料单

2023年 12月 01日　　　　　　　　　　　　　　　　　　　　　　　　　　　　　　　　编码：001

材料编号	材料名称	规格	材质	单位	数量 应收	数量 实收	实际单价	材料金额	运杂费	合计（材料实际成本）
	J	313	———	千克	1500	1500	55.00	82500.00	375.00	82875.00

| 供货单位 | 无锡平利有限公司 | 结算方法 | 验购 | | 计划单价 | 材料/计划成本 |
| 备注 | ——— | | | | ——— | ——— |

主管：黄河　　　　质量检验员：王宏飞　　　仓库验收：孙芳　　　　　　　经办人：瞿洁

附图4-1　收料单一

收料单二，如附图4-2所示。

收料单

2023年 12月 01日　　　　　　　　　　　　　　　　　　　　　　　　　　　　　　　　编码：002

材料编号	材料名称	规格	材质	单位	数量 应收	数量 实收	实际单价	材料金额	运杂费	合计（材料实际成本）
	K	414		千克	2500	2500	45.00	112500.00	625.00	113125.00

| 供货单位 | 无锡平利有限公司 | 结算方法 | 验购 | | 计划单价 | 材料/计划成本 |
| 备注 | ——— | | | | ——— | ——— |

主管：黄河　　　　质量检验员：王宏飞　　　仓库验收：孙芳　　　　　　　经办人：瞿洁

附图4-2　收料单二

【业务2】转账支票，如附图4-3所示。

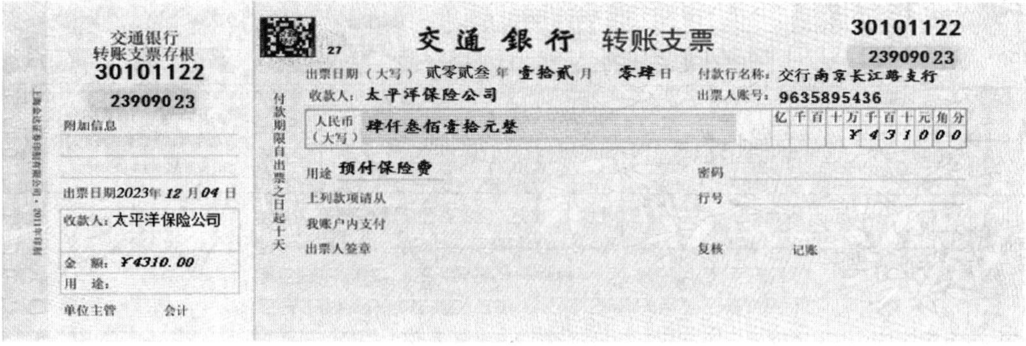

交通银行
转账支票存根
30101122
23909023
附加信息
出票日期2023年12月04日
收款人：太平洋保险公司
金 额：¥4310.00
用 途：
单位主管 会计

交通银行 转账支票 30101122 23909023
出票日期（大写）贰零贰叁年壹拾贰月零肆日 付款行名称：交行南京长江路支行
收款人：太平洋保险公司 出票人账号：9635895436
人民币（大写）肆仟叁佰壹拾元整 ¥431000
付款期限自出票之日起十天
用途 预付保险费 密码
上列款项请从 行号
我账户内支付
出票人签章 复核 记账

附图4-3 转账支票

【业务3】借款单，如附图4-4所示。

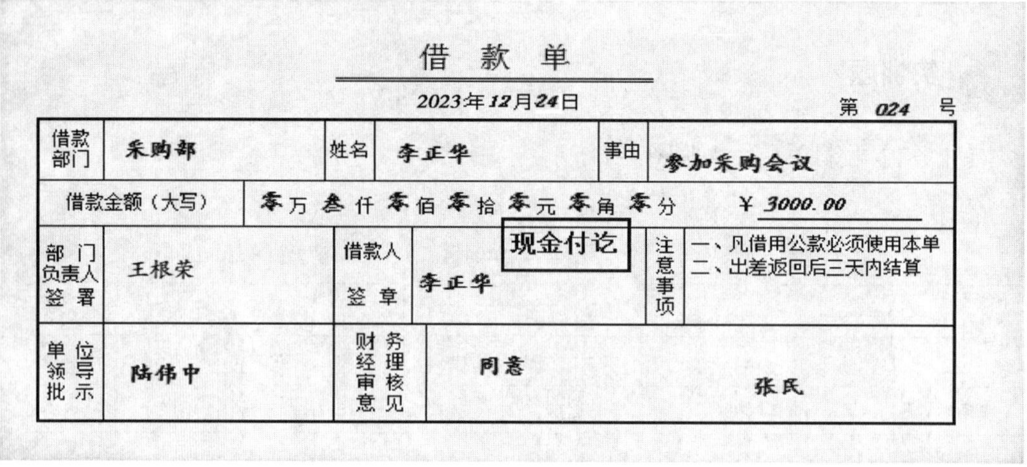

借 款 单

2023年12月24日 第 024 号

借款部门	采购部	姓名	李正华	事由	参加采购会议
借款金额（大写）	零万 叁仟 零佰 零拾 零元 零角 零分 ¥ 3000.00				
部门负责人签署	王根荣	借款人签章	李正华 现金付讫	注意事项	一、凡借用公款必须使用本单 二、出差返回后三天内结算
单位领导批示	陆伟中	财务经理审核意见	同意 张氏		

附图4-4 借款单

【业务4】增值税专用发票，如附图4-5所示。

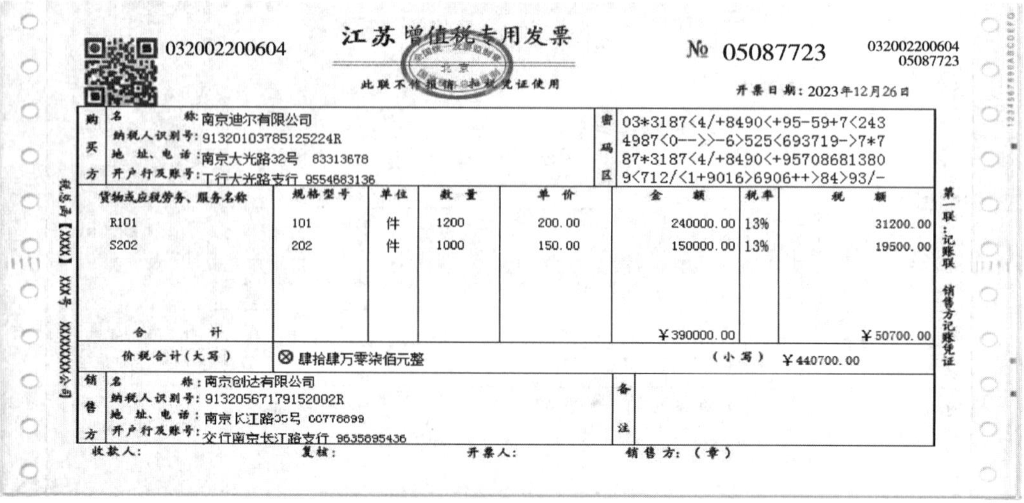

032002200604 江苏增值税专用发票 № 05087723 032002200604 05087723
此联不作报销、扣税凭证使用 开票日期：2023年12月26日

购买方 名称：南京迪尔有限公司；纳税人识别号：91320103785125224R；地址、电话：南京大光路32号 83313678；开户行及账号：工行大光路支行 9554683136
密码区 03*3187<4/+8490<+95-59+7<243 4987<0-->>-6>525<693719->7*7 87*3187<4/+8490<+95708681380 9<712/<1+9016>6906++>84>93/-

货物或应税劳务、服务名称	规格型号	单位	数量	单价	金额	税率	税额
R101	101	件	1200	200.00	240000.00	13%	31200.00
S202	202	件	1000	150.00	150000.00	13%	19500.00
合计					¥390000.00		¥50700.00
价税合计（大写）	⊗肆拾肆万零柒佰元整				（小写）¥440700.00		

销售方 名称：南京创达有限公司；纳税人识别号：91320567179152002R；地址、电话：南京长江路35号 00776699；开户行及账号：交行南京长江路支行 9635695436
备注
收款人： 复核： 开票人： 销售方：（章）
第一联：记账联 销售方记账凭证

附图4-5 增值税专用发票

任务3　认知记账凭证

术语释义

1.记账凭证，又称记账凭单，是会计人员根据审核无误的原始凭证按照经济业务的内容加以归类，并据以确定会计分录后所填制的会计凭证，作为登记账簿的直接依据。

2.复式记账凭证是指将每一笔经济业务所涉及的全部会计科目及其发生额，均在同一张记账凭证上记载的一种记账凭证。

3.单式记账凭证是指只填列经济业务所涉及的一个会计科目及其金额的记账凭证。

填空题

1.通用记账凭证；专用记账凭证；复式记账凭证；单式记账凭证。

2.收款凭证；付款凭证；转账凭证。

单项选择题

题号	1	2
答案	D	B

多项选择题

题号	1	2
答案	ABD	ABCD

判断题

题号	1	2	3
答案	×	×	√

实训题

1. 2023年5月1日，公司从银行取得长期借款500 000元，存入银行。
2. 2023年5月5日，公司收回职工秦勤预借差旅费的余款4 000元。
3. 2023年5月7日，公司收到大明公司预付货款50 000元，存入银行。
4. 2023年5月13日，公司职工李玲预借差旅费450元，以现金支付。
5. 2023年5月18日，公司以银行存款250 000元预付祥源化工原料厂货款。
6. 2023年5月20日，公司从南京长征公司采购原材料钢丝一批，取得的增值税专用发票上注明价款5 000元，增值税650元，材料已入库、款项未付。

任务4　编制与审核记账凭证

术语释义

1. 收款凭证是用于记录库存现金和银行存款收款业务的记账凭证。
2. 付款凭证是用于记录库存现金和银行存款付款业务的记账凭证。
3. 转账凭证是用于记录不涉及库存现金和银行存款业务的记账凭证。

填空题

1. 审核无误的原始凭证或原始凭证汇总表。
2. 内容是否真实；项目是否齐全；会计科目是否正确；金额是否正确；书写是否规范；手续是否完备。

单项选择题

题号	1	2
答案	A	B

多项选择题

题号	1	2	3
答案	AC	BD	ABCD

判断题

题号	1	2	3	4
答案	√	√	√	√

实训题

实训一

1.通用记账凭证，如附图4-6所示。

附图4-6　通用记账凭证

2.库存现金收款凭证，如附图4-7所示。

附图4-7　库存现金收款凭证

3.银行存款收款凭证，如附图4-8所示。

收款凭证

借方科目：**银行存款**　　　　　　　　　　2023年07月18日　　　　　　　　　　**银收字第014号**

摘　要	贷方科目		记账	金　额
	总账科目	明细科目		千百十万千百十元角分
收回销售款	应收账款	北京瑞鑫加工厂	☐	5 8 0 0 0 0 0
			☐	
			☐	
			☐	
			☐	
			☐	
			☐	
合计			☐	¥ 5 8 0 0 0 0 0

附单据 1 张

会计主管：　　　记账：　　　出纳：　　　复核：　　　制单：王海

附图4-8　银行存款收款凭证

4.库存现金付款凭证，如附图4-9所示。

付款凭证

贷方科目：**库存现金**　　　　　　　　　　2023年04月10日　　　　　　　　　　**现付字第014号**

摘　要	借方科目		记账	金　额
	总账科目	明细科目		千百十万千百十元角分
职工预借差旅费	其他应收款	林建国	☐	2 5 0 0 0 0
			☐	
			☐	
			☐	
			☐	
			☐	
合计			☐	¥ 2 5 0 0 0 0

附单据 1 张

会计主管：　　　记账：　　　出纳：王新明　　　复核：　　　制单：王新明

附图4-9　库存现金付款凭证

5.银行存款付款凭证，如附图4-10所示。

付款凭证

贷方科目：**银行存款**　　　　　2023年04月14日　　　　　银付字第 **081** 号

摘　要	借方科目		记账	金额
	总账科目	明细科目		千百十万千百十元角分
提取现金发工资	库存现金		☐	6 4 3 4 0 0 0
			☐	
			☐	
			☐	
			☐	
			☐	
合计			☐	￥6 4 3 4 0 0 0

附单据 **1** 张

会计主管：　　记账：　　出纳：王新明　　复核：　　制单：王新明

附图4-10　银行存款付款凭证

6.转账凭证，如附图4-11所示。

转 账 凭 证

转字第 **054** 号

2023 年 **07** 月 **15** 日

摘　要	总账科目	明细科目	借方金额	贷方金额	√
			亿千百十万千百十元角分	亿千百十万千百十元角分	
购入丙铜	原材料	丙铜	1 0 0 0 0 0 0 0		☐
	应交税费	应交增值税(进项税额)	1 3 0 0 0 0 0		☐
	应付账款	福州市化工厂		1 1 3 0 0 0 0 0	☐
					☐
					☐
合　计			￥1 1 3 0 0 0 0 0	￥1 1 3 0 0 0 0 0	☐

附单据 **2** 张

会计主管：　　记账：　　出纳：　　复核：　　制单：崔亮

附图4-11　转账凭证

实训二

1.转账凭证，如附图4-12所示。

转 账 凭 证

转字第 *020* 号

2023 年 05 月 20 日

摘 要	总账科目	明细科目	借方金额											贷方金额											√
			亿	千	百	十	万	千	百	十	元	角	分	亿	千	百	十	万	千	百	十	元	角	分	
领用材料	制造费用	机物料						1	2	8	0	0													
	原材料	机物料																	1	2	8	0	0	
合 计								¥	1	2	8	0	0						¥	1	2	8	0	0	

附单据 1 张

会计主管： 记账： 出纳： 复核：马明 制单：王海

附图 4-12 转账凭证

2.银行存款付款凭证，如附图 4-13 所示。

付 款 凭 证

贷方科目：银行存款 　　　　2023 年 05 月 20 日 　　　　银付字第 007 号

摘 要	借方科目		记账	金 额								
	总账科目	明细科目		千	百	十	万	千	百	十	元	角	分
偿还购料款	应付账款	上海光华公司				3	6	8	7	5	0	0
合计					¥	3	6	8	7	5	0	0

附单据 1 张

会计主管： 记账： 出纳： 复核：马明 制单：崔亮

附图 4-13 银行存款付款凭证

3.银行存款付款凭证，如附图 4-14 所示。

付款凭证

贷方科目：**银行存款**　　　　　　　2023 年 02 月 01 日　　　　　　　**银付字第 009 号**

摘　要	借方科目		记账	金额 千百十万千百十元角分
	总账科目	明细科目		
提取现金	库存现金		☐	1 0 0 0 0 0
			☐	
			☐	
			☐	
			☐	
			☐	
合计			☐	￥ 1 0 0 0 0 0

附单据 1 张

会计主管：　　记账：　　出纳：　　复核：马明　　制单：王海

附图 4-14　银行存款付款凭证

4.库存现金收款凭证，如附图4-15所示。

收款凭证

借方科目：**库存现金**　　　　　　　2023 年 05 月 20 日　　　　　　　**现收字第 009 号**

摘　要	贷方科目		记账	金额 千百十万千百十元角分
	总账科目	明细科目		
收到出借包装物押金	其他应付款	上海光华公司	☐	5 0 0 0 0
			☐	
			☐	
			☐	
			☐	
			☐	
合计			☐	￥ 5 0 0 0 0

附单据 1 张

会计主管：　　记账：　　出纳：　　复核：马明　　制单：王海

附图 4-15　库存现金收款凭证

任务5　整理、装订和保管会计凭证

术语释义

1. 会计凭证的传递是指从会计凭证的取得或填制时起，经过审核、整理、记账到装订保管为止的处理过程，以及在此过程中有关部门和人员之间应当办理的传递手续。

2. 会计凭证的保管是指会计凭证记账后的整理、装订、归档和存查工作。

填空题

1. 传递程序；传递时间。
2. 附件。

单项选择题

题号	1	2
答案	C	D

多项选择题

题号	1	2
答案	ABC	ABCD

判断题

题号	1	2	3	4
答案	√	√	√	×

项目五　处理基本业务·完成会计核算

任务1　导入企业账簿基本信息

术语释义

1. 建账是指新建单位和原有单位在年度开始时，会计人员均应根据核算工作的需要设置应用账簿。

2.会计政策是指企业进行会计核算和编制会计报表时所采用的具体原则、方法和程序。

填空题

1.营业执照签发日；营业执照变更日。

2.25%。

单项选择题

题号	1	2
答案	C	C

多项选择题

题号	1	2
答案	ABC	ABCD

判断题

题号	1	2
答案	√	√

实训题

（略）

任务2　核算企业筹资阶段业务

术语释义

筹资阶段是企业筹集生产经营活动所需资金的阶段，是企业整个资金运动的起点。

填空题

1. 筹资；采购；生产；销售；财务成果。
2. 筹集所需的资金。
3. 所有者权益筹资；负债筹资。
4. 资产类；增加额；减少额。
5. 负债类；贷方；借方。
6. 货币资金投资；实物资产投资；取得短期借款；取得长期借款。

单项选择题

题号	1	2	3	4	5	6
答案	B	A	C	B	D	B

多项选择题

题号	1	2	3
答案	AB	AC	AD

判断题

题号	1	2
答案	×	×

实训题

1. 借：银行存款   500 000
　　贷：短期借款   500 000
2. 借：固定资产   17 699.12
　　　应交税费——应交增值税（进项税额）   2 300.88
　　贷：实收资本——南京华山有限公司   20 000
3. 借：银行存款   400 000
　　贷：实收资本——南京市君盛公司   400 000

任务3　核算企业采购阶段业务

术语释义

1. 采购阶段是生产型企业以货币资金购买各种材料物资的阶段。

2. 材料的采购成本是指企业物资从采购到入库前所发生的全部支出，包括购买价款、相关税费、运输费、装卸费、保险费以及其他可归属于采购成本的费用。

填空题

1. 采购。

2. 运杂费；入库前挑选整理费；应由购入材料负担的其他有关税费。

3. 采购费用总额÷各种材料的重量（或买价或体积）之和。

4. 该种材料的重量（或买价或体积）×采购费用分配率。

5. 资产类；材料的买价和采购费用；验收入库材料的实际成本。

6. 已验收入库材料的实际成本；发出材料的实际成本。

7. 企业开出商业汇票的票面金额；偿付金额。

单项选择题

题号	1	2	3	4	5
答案	A	B	B	C	D

多项选择题

题号	1	2	3	4
答案	ABD	ABCD	ABCD	ABCD

判断题

题号	1	2	3	4
答案	×	√	×	×

实训题

1.借：预付账款——南京供电公司   20 000

　　贷：银行存款   20 000

2.借：固定资产   80 000

　　应交税费——应交增值税（进项税额）   10 400

　　贷：银行存款   90 400

3.借：库存现金   6 000

　　贷：银行存款   6 000

4.借：其他应收款   6 000

　　贷：库存现金   6 000

5.借：在途物资——A222   95 200

　　　　　　——A333   89 400

　　应交税费——应交增值税（进项税额）   23 998

　　贷：银行存款   208 598

6.（1）计算运费分配率：

运费分配率=1 400÷（4+3）=200（元/吨）

（2）材料应负担的运费：

A222材料应负担的运费=200×4=800（元）

A333材料应负担的运费=200×3=600（元）

借：在途物资——A222   800

　　　　　　——A333   600

　应交税费——应交增值税（进项税额）   126

　贷：银行存款   1 526

7.借：在途物资——B222   2 000

　　　应交税费——应交增值税（进项税额）   260

　　　贷：应付账款——张家港市丰登有限公司   2 260

8.借：周转材料——手套   1 500

　　　应交税费——应交增值税（进项税额）   195

　　　贷：应付账款——南京长青有限公司   1 695

9.借：原材料——B222   13 500

　　　　　——B333   9 000

　　应交税费——应交增值税（进项税额）   2 925

　　贷：应付账款——南京长青有限公司   25 425

10.借：原材料——A222   96 000

　　　　　——A333   90 000

　　贷：在途物资——A222   96 000

　　　　　　贷：在途物资——A333　　　　　　　　　　　　　　　　　90 000
　　11.借：管理费用　　　　　　　　　　　　　　　　　　　5 800
　　　　　　库存现金　　　　　　　　　　　　　　　　　　　200
　　　　　　贷：其他应收款　　　　　　　　　　　　　　　　　　　　6 000
　　12.借：在途物资——A222　　　　　　　　　　　　　　480 000
　　　　　　应交税费——应交增值税（进项税额）　　　　62 400
　　　　　　贷：应付票据——江阴市瑞禾公司　　　　　　　　　　500 000
　　　　　　　　银行存款——江阴市瑞禾公司　　　　　　　　　　42 400

任务4　核算企业生产阶段业务

术语释义

　　1.产品成本的核算是指把一定时期内企业生产过程中所发生的费用，按其性质和发生地点，分类归集、汇总、核算，计算出该时期内生产费用发生总额，并按适当方法分别计算出各种产品的实际成本和单位成本。

　　2.生产费用是指与企业日常生产经营活动有关的费用，按其经济用途可分为直接材料、直接人工和制造费用。

　　3.直接材料是指构成产品实体的原材料以及有助于产品形成的主要材料和辅助材料。

　　4.直接人工是指直接从事产品生产的工人的薪酬。

　　5.制造费用是指企业为生产产品和提供劳务而发生的各项间接费用。

填空题

　　1.制造费用总额÷各种产品生产工时（生产工人薪酬）之和。

　　2.该种产品生产工时（或生产工人薪酬）×制造费用分配率。

　　3.本期发生的生产费用；期末在产品成本。

　　4.材料消耗；职工薪酬；制造费用的归集与分配；产品成本的计算和入库。

单项选择题

题号	1	2	3	4	5	6	7	8	9
答案	B	C	D	A	D	A	A	C	C

多项选择题

题号	1	2	3	4	5
答案	BD	AC	ABCD	BD	AC

判断题

题号	1	2	3	4
答案	×	×	√	√

实训题

1.借：应付职工薪酬——住房公积金　　　　　　　　　19 725
　　其他应付款——住房公积金　　　　　　　　　　　19 725
　　　贷：银行存款　　　　　　　　　　　　　　　　　　　　39 450
2.借：应付职工薪酬——设定提存计划——养老保险　　39 450
　　　　　　　　　——社会保险费——医疗保险　　　17 752.5
　　　　　　　　　——设定提存计划——失业保险　　2 958.75
　　　　　　　　　——社会保险费——工伤保险　　　986.25
　　　　　　　　　——社会保险费——生育保险　　　1 578
　　其他应付款——设定提存计划——养老保险　　　　15 780
　　　　　　　　——社会保险费——医疗保险　　　　4 945
　　　　　　　　——设定提存计划——失业保险　　　986.25
　　　贷：银行存款　　　　　　　　　　　　　　　　　　　　84 436.75
3.借：应交税费——未交增值税　　　　　　　　　　　56 000
　　　　　　　——应交城市维护建设税　　　　　　　3 920
　　　　　　　——应交教育费附加　　　　　　　　　1 680
　　　　　　　——应交地方教育附加　　　　　　　　1 120
　　　　　　　——应交个人所得税　　　　　　　　　500
　　　　　　　——应交企业所得税　　　　　　　　　54 660
　　　贷：银行存款　　　　　　　　　　　　　　　　　　　　117 880
4.借：应付职工薪酬——工资　　　　　　　　　　　　197 250
　　　贷：银行存款　　　　　　　　　　　　　　　　　　　　197 250
5.借：制造费用　　　　　　　　　　　　　　　　　　2 450
　　　贷：周转材料——手套　　　　　　　　　　　　　　　　450
　　　　　　　　——工作服　　　　　　　　　　　　　　　　2 000

6.借：生产成本——T808　　　　　　　　　　　　　288 000

　　　　　——G909　　　　　　　　　　　　　　　360 000

　　贷：原材料——A222　　　　　　　　　　　　　　　288 000

　　　　　——A333　　　　　　　　　　　　　　　　360 000

7.借：生产成本——T808　　　　　　　　　　　　　8 400

　　　　　——G909　　　　　　　　　　　　　　　6 600

　　贷：原材料——B222　　　　　　　　　　　　　　　8 400

　　　　　——B333　　　　　　　　　　　　　　　　6 600

8.借：生产成本——T808　　　　　　　　　　　　　60 000

　　　　　——G909　　　　　　　　　　　　　　　90 000

　　　　制造费用　　　　　　　　　　　　　　　　18 000

　　　　管理费用　　　　　　　　　　　　　　　　46 000

　　　　销售费用　　　　　　　　　　　　　　　　36 000

　　贷：应付职工薪酬——工资　　　　　　　　　　　　250 000

9.借：应付职工薪酬——工资　　　　　　　　　　　52 750

　　贷：其他应付款——设定提存计划——养老保险　　　　20 000

　　　　　——社会保险费——医疗保险　　　　　　　　6 000

　　　　　——设定提存计划——失业保险　　　　　　　1 250

　　　　　——住房公积金　　　　　　　　　　　　　25 000

　　　　应交税费——应交个人所得税　　　　　　　　　　500

10.借：生产成本——T808　　　　　　　　　　　　25 080

　　　　　——G909　　　　　　　　　　　　　　　37 620

　　　　制造费用　　　　　　　　　　　　　　　　7 524

　　　　管理费用　　　　　　　　　　　　　　　　19 228

　　　　销售费用　　　　　　　　　　　　　　　　15 048

　　贷：应付职工薪酬——设定提存计划——养老保险　　　50 000

　　　　　——社会保险费——医疗保险　　　　　　　　22 500

　　　　　——设定提存计划——失业保险　　　　　　　3 750

　　　　　——社会保险费——工伤保险　　　　　　　　1 250

　　　　　——社会保险费——生育保险　　　　　　　　2 000

　　　　　——住房公积金　　　　　　　　　　　　　25 000

11.借：制造费用——水电费　　　　　　　　　　　　2 010

　　　　管理费用——水电费　　　　　　　　　　　　　670

　　　　应交税费——应交增值税（进项税额）　　　　241.20

　　贷：银行存款　　　　　　　　　　　　　　　　　2 921.20

12.借：制造费用——水电费　　　　　　　　　　　　27 000

　　　　管理费用——水电费　　　　　　　　　　　　1 800

　　　　应交税费——应交增值税（进项税额）　　　　　3 744

```
        贷：预付账款——南京供电公司                                  32 544
    13.借：制造费用                                      31 120
        管理费用                                    16 919.60
        销售费用                                     1 200
        贷：累计折旧                                              49 239.60
    14.借：生产成本——T808                             35 241.6
              ——G909                             52 862.40
        贷：制造费用                                              88 104
    15.借：库存商品——T808                            416 721.60
              ——G909                            583 292.40
        贷：生产成本——T808                                      416 721.60
              ——G909                                      583 292.40
```

任务5　核算企业销售阶段业务

术语释义

1.产品销售成本是指已销售产品的销售成本，即该产品的生产成本。

2.销售费用是指企业销售商品、材料，或提供劳务的过程中发生的各种费用，通常包括保险费、包装费、展览费、广告费、商品维修费、装卸费等。

填空题

1.该产品的单位生产成本×产品销售数量。

2.销售费用。

单项选择题

题号	1	2	3	4	5
答案	D	D	B	A	C

多项选择题

题号	1	2	3	4	5
答案	AB	AC	ABCD	ACD	BC

判断题

题号	1	2	3	4	5
答案	×	√	×	√	×

实训题

1.借：预收账款——南京苏丰公司　　　　　　　　101 700
　　贷：主营业务收入——T808　　　　　　　　　　　90 000
　　　　应交税费——应交增值税（销项税额）　　　11 700

2.借：应收账款——江苏阳光公司　　　　　　　　452 000
　　贷：主营业务收入——T808　　　　　　　　　400 000
　　　　应交税费——应交增值税（销项税额）　　　52 000

3.借：银行存款　　　　　　　　　　　　　　　734 500
　　贷：主营业务收入——G909　　　　　　　　　650 000
　　　　应交税费——应交增值税（销项税额）　　　84 500

4.借：销售费用　　　　　　　　　　　　　　　　4 000
　　　应交税费——应交增值税（进项税额）　　　　360
　　贷：应付账款——南京快捷运输公司　　　　　　4 360

5.借：银行存款　　　　　　　　　　　　　　　　5 650
　　贷：其他业务收入——B222　　　　　　　　　　5 000
　　　　应交税费——应交增值税（销项税额）　　　650

6.借：主营业务成本——T808　　　　　　　　　352 800
　　　　　　　　——G909　　　　　　　　　　500 000
　　贷：库存商品——T808　　　　　　　　　　352 800
　　　　　　　——G909　　　　　　　　　　　500 000

7.借：其他业务成本　　　　　　　　　　　　　　3 000
　　贷：原材料——B222　　　　　　　　　　　　　3 000

8.借：应交税费——应交增值税（转出未交增值税）　41 899.92
　　贷：应交税费——未交增值税　　　　　　　　　41 899.92

9.借：税金及附加　　　　　　　　　　　　　　　5 027.99
　　贷：应交税费——应交城市维护建设税　　　　　2 932.99
　　　　　　　　——应交教育费附加　　　　　　　1 257
　　　　　　　　——应交地方教育附加　　　　　　838

任务6　核算企业财务成果阶段业务

术语释义

1. 盈余公积是指企业从税后利润中提取形成的、存留于企业内部、具有特定用途的收益积累。

2. 营业外收入是指企业确认与企业生产经营活动没有直接关系的各项收入。

3. 营业外支出是指企业发生的与企业生产经营活动无直接关系的各项支出。

填空题

1. 营业收入-营业成本-税金及附加-销售费用-管理费用-研发费用-财务费用+其他收益+投资收益+公允价值变动收益-信用减值损失-资产减值损失+资产处置收益。

2. 营业利润+营业外收入-营业外支出。

3. 应纳税所得额；所得税税率。

4. 利润总额-所得税费用。

单项选择题

题号	1	2	3	4	5	6	7	8	9	10	11
答案	A	D	A	C	C	D	A	B	C	C	B

多项选择题

题号	1	2	3	4	5
答案	AB	BCD	AC	ABCD	ABC

判断题

题号	1	2	3	4	5	6	7	8	9	10	11
答案	×	×	×	√	√	×	√	×	√	√	√

实训题

1.借：交易性金融资产　　　　　　　　　　　54 000
　　投资收益　　　　　　　　　　　　　　　　300
　　贷：银行存款　　　　　　　　　　　　　　　　54 300
2.借：管理费用——业务招待费　　　　　　　2 000
　　贷：银行存款　　　　　　　　　　　　　　　　2 000
3.借：管理费用——搬运费　　　　　　　　　3 000
　　贷：银行存款　　　　　　　　　　　　　　　　3 000
4.借：库存现金　　　　　　　　　　　　　　　200
　　贷：营业外收入　　　　　　　　　　　　　　　　200
5.借：营业外支出　　　　　　　　　　　　30 000
　　贷：银行存款　　　　　　　　　　　　　　　30 000
6.借：应收股利　　　　　　　　　　　　　1 200
　　贷：投资收益——五粮液股份公司　　　　　　　1 200
7.借：应付利息　　　　　　　　　　　　　9 375
　　贷：银行存款　　　　　　　　　　　　　　　　9 375
8.借：管理费用——设备维修费　　　　　　　2 000
　　贷：银行存款　　　　　　　　　　　　　　　　2 000
9.借：银行存款　　　　　　　　　　　　　1 200
　　贷：应收股利——五粮液股份公司　　　　　　　1 200
10.借：银行存款　　　　　　　　　　　　60 000
　　贷：交易性金融资产　　　　　　　　　　　　54 000
　　　　投资收益　　　　　　　　　　　　　　　6 000
11.借：管理费用——职工教育经费　　　　　6 250
　　　　　　　　——工会经费　　　　　　　5 000
　　贷：应付职工薪酬——职工教育经费　　　　　　6 250
　　　　　　　　　　——工会经费　　　　　　　　5 000
12.借：管理费用——报纸杂志费　　　　　　　80
　　　　　　　　——汽车保险费　　　　　　1 525
　　贷：预付账款——报纸杂志费　　　　　　　　　　80
　　　　　　　　——汽车保险费　　　　　　　　1 525
13.借：财务费用　　　　　　　　　　　　10 125
　　贷：应付利息　　　　　　　　　　　　　　　10 125
14.借：主营业务收入　　　　　　　　　1 140 000
　　　　其他业务收入　　　　　　　　　　　5 000
　　　　投资收益　　　　　　　　　　　　　6 900

| | 借：营业外收入 | 200 | |
| | 　贷：本年利润 | | 1 152 100 |

15. 借：本年利润　　　　　　　　　　　1 067 473.59
　　贷：主营业务成本　　　　　　　　　　　　852 800
　　　　税金及附加　　　　　　　　　　　　 5 027.99
　　　　其他业务成本　　　　　　　　　　　　 3 000
　　　　管理费用　　　　　　　　　　　　110 272.60
　　　　销售费用　　　　　　　　　　　　 56 248
　　　　财务费用　　　　　　　　　　　　 10 125
　　　　营业外支出　　　　　　　　　　　　 30 000

16. 借：所得税费用　　　　　　　　　　　21 156.60
　　贷：应交税费——应交所得税　　　　　　 21 156.60

17. 借：本年利润　　　　　　　　　　　　21 156.60
　　贷：所得税费用　　　　　　　　　　　　 21 156.60

18. 借：本年利润　　　　　　　　　　　753700.33
　　贷：利润分配——未分配利润　　　　　　753700.33

19. 借：利润分配——提取法定盈余公积　　7 537.03
　　贷：盈余公积——法定盈余公积　　　　　 7 537.03

20. 借：利润分配——未分配利润　　　　　7 537.03
　　贷：利润分配——提取法定盈余公积　　　 7 537.03

项目六　登记会计账簿·认知对账结账

任务1　识别会计账簿

术语释义

1. 会计账簿，简称账簿，是指由一定格式的账页所组成，以经过审核的会计凭证为依据，全面、连续、系统地记录各项经济业务的簿籍。

2. 序时账簿，又称日记账，是按照经济业务发生时间的先后顺序，逐日、逐笔登记的账簿。

3. 分类账簿是按照会计要素具体类别而设置分类账户进行登记的账簿。

4. 备查账簿，又称辅助登记簿或补充登记簿，是指对某些在序时账簿和分类账簿中未能记载或记载不全的经济业务进行补充登记的账簿。

填空题

1. 序时账簿；分类账簿；备查账簿。
2. 库存现金日记账；银行存款日记账。
3. 两栏式账簿；三栏式账簿；多栏式账簿；数量金额式账簿；横线登记式账簿。
4. 订本式账簿；活页式账簿；卡片式账簿。

单项选择题

题号	1	2	3	4	5	6
答案	A	C	B	D	A	B

多项选择题

题号	1	2
答案	BC	BC

判断题

题号	1	2
答案	√	√

任务2　设置和启用会计账簿

术语释义

账页是账簿的主要内容，是用来记录具体经济业务的载体。

填空题

1. 封面；扉页；账页。
2. 一级会计科目。

单项选择题

题号	1	2	3
答案	A	B	C

多项选择题

题号	1	2	3	4
答案	AB	AB	ABD	BC

判断题

题号	1	2	3
答案	√	√	√

任务3　登记会计账簿

术语释义

平行登记是指对所发生的每项经济业务都要以会计凭证为依据，记入总分类账的同时，记入其所属的明细分类账的方法。

填空题

1.准确完整；注明记账符号；书写留空；正常记账使用蓝黑墨水；特殊记账使用红墨水；顺序连续登记；结出余额；过次承前；不得涂改、刮擦、挖补。

2.签章；已经记账。

3.1/2。

4.此行空白；此页空白；签章。

5.过次页；承前页。

6.自本月初起至本页末止的发生额合计数。

7.自本年年初起至本页末止的累计数。

8.记账凭证；记账凭证汇总表（科目汇总表）；汇总记账凭证。

单项选择题

题号	1	2	3	4	5	6	7	8
答案	A	D	C	D	D	A	D	C

多项选择题

题号	1	2	3
答案	ACD	ABD	ABCD

判断题

题号	1	2	3	4	5	6	7	8
答案	×	×	√	√	√	×	×	×

实训题

实训一

1.会计分录：

（1）借：其他应收款——王军   1 000

    贷：库存现金   1 000

（2）借：库存现金   40 000

    贷：银行存款   40 000

（3）借：应付职工薪酬——工资   40 000

    贷：库存现金   40 000

（4）借：管理费用   65

    贷：库存现金   65

（5）借：库存现金   270

    贷：其他应收款——王军   270

2.编制收款凭证、付款凭证。

（略）

3.登记库存现金日记账，见附表6-1。

附表6-1 　　　　　　　　　　　**库存现金日记账一** 　　　　　　　　　　　单位：元

2023年		凭证		摘要	对方科目	借方	贷方	余额
月	日	种类	编号					
5	1			期初余额				2 200
	4	现付	1	预借差旅费	其他应收款		1 000	1 200
	10	银付	1	提现	银行存款	40 000		41 200
	11	现付	2	支付工资	应付职工薪酬		40 000	1 200
	12	现付	3	支付交通费	管理费用		65	1 135
	20	现收	1	出差退回余款	其他应收款	270		1 405
	31			本月合计		40 270	41 065	1 405

实训二

1. 会计分录：

（1）借：应付账款 　　　　　　　　　　　　　　　　　　　　　　15 600

　　　　贷：银行存款 　　　　　　　　　　　　　　　　　　　　　　　15 600

（2）借：银行存款 　　　　　　　　　　　　　　　　　　　　　　　5 668

　　　　贷：预收账款——大华公司 　　　　　　　　　　　　　　　　　5 668

（3）借：库存现金 　　　　　　　　　　　　　　　　　　　　　　　1 200

　　　　贷：银行存款 　　　　　　　　　　　　　　　　　　　　　　　1 200

（4）借：在途物资 　　　　　　　　　　　　　　　　　　　　　　　　350

　　　　贷：库存现金 　　　　　　　　　　　　　　　　　　　　　　　　350

（5）借：银行存款 　　　　　　　　　　　　　　　　　　　　　　100 000

　　　　贷：实收资本——红光公司 　　　　　　　　　　　　　　　　100 000

（6）借：管理费用 　　　　　　　　　　　　　　　　　　　　　　　　950

　　　　贷：银行存款 　　　　　　　　　　　　　　　　　　　　　　　　950

2. 编制收款凭证、付款凭证。

（略）

3. 登记银行存款日记账，见附表6-2。

附表6-2 　　　　　　　　　　　**银行存款日记账一** 　　　　　　　　　　　单位：元

2024年		凭证		摘要	对方科目	借方	贷方	余额
月	日	种类	编号					
1	1			上年结转				45 460
	4	银付	1	支付购料款	应付账款		15 600	29 860
	4	银收	1	预收大华公司货款	预收账款	5 668		35 528
	4	银付	2	提现	银行存款		1 200	34 328
	9	银收	2	收到投资款	实收资本	100 000		134 328
	10	银付	3	支付厂部办公费	管理费用		950	133 378
	31			本月合计		105 668	17 750	133 378

实训三

1.会计分录：

(1) 借：银行存款　　　　　　　　　　　　　　　　　　100 000
　　　　贷：实收资本———五华公司　　　　　　　　　　　　　100 000
银收字1号

(2) 借：原材料———甲材料　　　　　　　　　　　　　　5 000
　　　　　　———乙材料　　　　　　　　　　　　　8 000
　　　　应交税费———应交增值税（进项税额）　　　　　1 690
　　　　贷：银行存款　　　　　　　　　　　　　　　　　　14 690
银付字1号

(3) 借：库存现金　　　　　　　　　　　　　　　　　　18 000
　　　　贷：银行存款　　　　　　　　　　　　　　　　　　18 000
银付字2号

(4) 借：应付职工薪酬———工资　　　　　　　　　　　　18 000
　　　　贷：库存现金　　　　　　　　　　　　　　　　　　18 000
现付字1号

(5) 借：原材料———甲材料　　　　　　　　　　　　　　10 000
　　　　应交税费———应交增值税（进项税额）　　　　　1 300
　　　　贷：银行存款　　　　　　　　　　　　　　　　　　11 300
银付字3号

(6) 借：其他应收款———章文　　　　　　　　　　　　　1 000
　　　　贷：库存现金　　　　　　　　　　　　　　　　　　1 000
现付字2号

(7) ①借：制造费用　　　　　　　　　　　　　　　　　1 000
　　　　贷：其他应收款———章文　　　　　　　　　　　　1 000
转字1号

②借：制造费用　　　　　　　　　　　　　　　　　　200
　　　　贷：库存现金　　　　　　　　　　　　　　　　　　200
现付字3号

(8) 借：生产成本———A产品　　　　　　　　　　　　　22 000
　　　　　　———B产品　　　　　　　　　　　　　6 500
　　　　制造费用　　　　　　　　　　　　　　　　　　2 500
　　　　管理费用　　　　　　　　　　　　　　　　　　2 000
　　　　贷：原材料———甲材料　　　　　　　　　　　　　15 000
　　　　　　———乙材料　　　　　　　　　　　　　18 000
转字2号

(9) 借：生产成本———A产品　　　　　　　　　　　　　50 000
　　　　　　———B产品　　　　　　　　　　　　　30 000

借：制造费用   5 000

     管理费用   15 000

      贷：应付职工薪酬——工资   100 000

转字 3 号

（10）借：生产成本——A 产品   16 250

                 ——B 产品   9 750

        制造费用   1 625

        管理费用   4 875

      贷：应付职工薪酬——社会保险费   32 500

转字 4 号

（11）借：生产成本——A 产品   5 000

                 ——B 产品   3 000

        制造费用   500

        管理费用   1 500

      贷：应付职工薪酬——住房公积金   10 000

转字 5 号

（12）借：银行存款   339 0000

      贷：主营业务收入——A 产品   100 000

                    ——B 产品   200 000

        应交税费——应交增值税（销项税额）   39 000

银收字 2 号

（13）借：制造费用   975

      贷：库存现金   975

现付字 4 号

（14）制造费用分配率=11 800÷（50 000+30 000）=0.147 5

借：生产成本——A 产品   7 375

            ——B 产品   4 425

    贷：制造费用   11 800

转字 6 号

（15）借：库存商品——A 产品   118 625

       贷：生产成本——A 产品   118 625

转字 7 号

（16）借：银行存款   50 000

      贷：应收账款——华兴公司   50 000

银收字 3 号

（17）借：主营业务成本——A 产品   75 000

                 ——B 产品   180 000

      贷：库存商品——A 产品   75 000

贷：库存商品————B产品　　180 000
转字8号

2.填制收款凭证、付款凭证和转账凭证。

（略）

3.登记库存现金日记账（见附表6-3）、银行存款日记账（见附表6-4）、生产成本明细账（见附表6-5）、原材料总分类账（见附表6-6）及其明细分类账（见附表6-7、附表6-8）。

附表6-3　　　　　　　　　　　**库存现金日记账二**　　　　　　　　单位：元

2023年		凭证		摘要	对方科目	借方	贷方	余额
月	日	种类	编号					
9	1			期初余额				2 500
	7	银付	2	提现	银行存款	18 000		20 500
	8	现付	1	发放工资	应付职工薪酬		18 000	2 500
	15	现付	2	预借差旅费	其他应收款		1 000	1 500
	18	现付	3	报销差旅费	制造费用		200	1 300
	22	现付	4	支付车间办公费	制造费用		975	325
	30			本月合计		18 000	20 175	325

附表6-4　　　　　　　　　　　**银行存款日记账二**　　　　　　　　单位：元

2023年		凭证		摘要	对方科目	借方	贷方	余额
月	日	种类	编号					
9	1			期初余额				900 000
	2	银收	1	收到投资款	实收资本	100 000		1 000 000
	5	银付	1	采购原材料	原材料		13 000	987 000
	5	银付	1	进项税额	应交税费		1 690	985 310
	7	银付	2	提现	库存现金		18 000	967 310
	9	银付	3	采购原材料	原材料		10 000	957 310
	9	银付	3	进项税额	应交税费		1 300	956 010
	21	银收	2	售出产品	主营业务收入	300 000		1 256 010
	21	银收	2	销项税额	应交税费	39 000		1 295 010
	30	银收	3	收回欠款	应收账款	50 000		1 345 010
	30			本月合计		489 000	43 990	1 345 010

附表6-5   **生产成本明细账**

产品名称　A产品   完工产量　10 000件   单位：元

| 2023年 | | 凭证号数 | 摘要 | 借方发生额 | 成本项目 | | |
月	日				直接材料	直接人工	制造费用
9	1		期初余额	18 000	7 000	6 700	4 300
	19	转2	领料	22 000	22 000		
	20	转3	分配工资	50 000		50 000	
	20	转4	分配社会保险费	16 250		16 250	
	20	转5	分配住房公积金	5 000		5 000	
	30	转6	分配制造费用	7 375			7 375
	30	转7	结转完工产品成本	118 625	29 000	77 950	11 675

附表6-6   **总分类账**

账户名称：原材料   单位：元

| 2023年 | | 凭证号数 | 摘要 | 借方 | 贷方 | 借或贷 | 余额 |
月	日						
9	1		期初余额			借	30 000
	5	银付1	购料入库	13 000		借	43 000
	9	银付3	购料入库	10 000		借	53 000
	19	转2	领料		33 000	借	20 000
	30		本月合计	23 000	33 000	借	20 000

附表6-7   **原材料明细分类账一**

账户名称：甲材料   金额单位：元

| 2023年 | | 凭证号数 | 摘要 | 收入 | | | 发出 | | | 结余 | | |
月	日			数量千克	单价	金额	数量千克	单价	金额	数量千克	单价	金额
9	1		期初余额							3 600	5	18 000
	5	银付1	购料入库	1 000	5	5 000				4 600	5	23 000
	9	银付3	购料入库	2 000	5	10 000				6 600	5	33 000
	19	转2	领料				3 000	5	15 000	3 600	5	18 000
	30		本月合计	3 000		15 000	3 000		15 000	3 600		18 000

附表6-8
账户名称：乙材料

原材料明细分类账二

金额单位：元

2023年		凭证号数	摘要	收入			发出			结余		
月	日			数量千克	单价	金额	数量千克	单价	金额	数量千克	单价	金额
9	1		期初余额							3 000	4	12 000
	5	银付1	购料入库	2 000	4	8 000				5 000	4	20 000
	19	转2	领料				4 500	4	18 000	500	4	2 000
	30		本月合计	2 000		8 000	4 500		18 000	500		2 000

任务4　对账和结账

术语释义

1. 对账就是核对账目，是对账簿记录所进行的核对工作，是定期对会计账簿记录的有关数字与相关的会计凭证、库存实物、货币资金、有价证券、往来单位或个人等进行相互核对，以保证账账相符、账证相符、财实相符的一项工作。

2. 结账是为了总结某一个会计期间内经济活动的财务收支状况，据以编制财务会计报表，而对各种账簿的本期发生额和期末余额进行计算总结。

填空题

1. 本期发生额；期末余额。

2. 账证核对；账账核对；账实核对。

3. 总分类账簿之间的核对；总分类账簿与其所属的明细分类账簿的核对；总分类账簿与序时账簿的核对；明细分类账簿之间的核对。

单项选择题

题号	1	2	3
答案	A	D	C

多项选择题

题号	1	2	3	4
答案	ABD	ABC	ABCD	ABC

判断题

题号	1	2	3	4	5	6	7	8
答案	√	√	√	×	×	×	√	×

任务5 更正错账

术语释义

1. 顺查法，又称正查法，是按照原来账务处理的顺序从头到尾进行普遍查找的方法，即沿着"制证→过账→结账→试算"的账务处理程序，从头到尾进行的普遍检查。

2. 逆查法，又称反查法，是按照与原来账务处理程序相反的顺序，从尾到头的检查方法，即沿着"试算→结账→过账→制证"的账务处理程序检查。

3. 红字更正法，又称红字冲销法，是指用红字冲销或冲减原有的错误记录的一种方法。

填空题

1. 记账方向错误；漏记；重记；记错科目；数字位数移位；数字位数颠倒；其他不规则错误。

2. 顺查法；逆查法；抽查法；偶合法；除九法。

3. 划线更正法；红字更正法；补充登记法。

单项选择题

题号	1	2	3	4	5	6
答案	C	D	B	C	B	D

多项选择题

题号	1	2
答案	ABCD	CD

判断题

题号	1	2	3	4	5	6
答案	√	×	√	√	√	×

实训题

1.红字更正法。

更正分录：（1）借：管理费用　　　　　　　　　　　　　6 000

　　　　　　　　贷：库存现金　　　　　　　　　　　　　　　　　6 000

（2）借：其他应收款　　　　　　　　　　　　　　　6 000

　　　　　贷：库存现金　　　　　　　　　　　　　　　　　6 000

2.补充登记法。

更正分录：借：管理费用　　　　　　　　　　　　　　8 100

　　　　　　　贷：累计折旧　　　　　　　　　　　　　　　　8 100

3.红字更正法。

更正分录：借：生产成本　　　　　　　　　　　　　45 000

　　　　　　　贷：原材料　　　　　　　　　　　　　　　　45 000

4.划线更正法。

操作中，将"管理费用"明细分类账中错记的60元用红线划去，并加盖名章，然后将正确金额600元填入账簿。错账更正后，会计分录不变。

任务6　保管会计账簿

术语释义

（略）

填空题

1. 每年；连续使用。
2. 会计档案管理办法；平时管理；归档保管。
3. 30。

单项选择题

题号	1	2
答案	A	D

多项选择题

题号	1	2
答案	ABC	ABCD

判断题

题号	1	2	3	4	5
答案	√	√	√	√	√

项目七 盘点企业家底·实施财产清查

任务1 了解财产清查基本知识

术语释义

1. 财产清查是指通过对货币资金、实物资产和往来款项等财产物资进行盘点或核对，确定其账存数与实存数是否相符的一种专门方法。

2. 全面清查是指对所有的财产进行全面的盘点和核对。

3. 局部清查是指根据需要只对部分财产进行盘点和核对。

4.定期清查是指按照预先计划安排的时间对财产进行盘点和核对。

5.不定期清查是指事前不规定清查日期，而是根据特殊需要临时进行的盘点和核对。

填空题

1.保证账实相符，提高会计资料的准确性；切实保障各项财产物资的安全完整；加速资金周转，提高资金使用效益。

2.全面清查；局部清查。

3.定期清查；不定期清查。

4.内部清查；外部清查。

5.建立财产清查组织；培训清查人员；确定清查对象、范围，明确清查任务；制订清查方案；先清查数量、核对账簿记录，后认定质量；填制盘存清单；根据盘存清单，填制实物、往来款项清查结果报告表。

单项选择题

题号	1	2	3
答案	D	B	B

多项选择题

题号	1	2
答案	CD	ABCD

判断题

题号	1	2	3	4	5	6	7
答案	×	√	×	√	×	×	√

任务2 认知财产物资盘存制度

术语释义

1.实地盘存制，也称定期盘存制，是指平时根据会计凭证，对各项财产物资在账簿中只登记增加数，不登记减少数，期末根据实地盘点的结存数来倒推当月财产物资的减少数，再据以登记有关账簿的一种盘存制度。

2. 永续盘存制，也称账面盘存制，是指根据会计凭证，逐日逐笔登记各项财产物资的增加或减少数，并随时结算出该项物资结存数的一种盘存制度。

填空题

1. 账面结存数量；实地盘存制；永续盘存制。
2. 账面期初结存数量；本期账面增加合计数量；期末盘点实际结存数量。
3. 账面期初结存数量；本期账面增加合计数量；本期账面发出合计数量。

单项选择题

题号	1	2
答案	A	B

多项选择题

题号	1	2
答案	CD	ABD

判断题

题号	1	2	3	4	5	6	7
答案	√	×	√	√	√	√	√

任务3　实施财产清查

术语释义

未达账项是指企业与银行之间由于记账时间不一致而发生的一方已经入账，而另一方尚未入账的事项。

填空题

1. 实地盘点法。
2. 库存现金盘点报告表。
3. 企业已收款已记账，银行未收款未记账的款项；企业已付款已记账，银行未付款未记账的款项；银行已收款已记账，企业未收款未记账的款项；银行已付款已记账，企业未付款未记账的款项。
4. 银行存款余额调节表。
5. 实地盘点法；技术推算盘点法。
6. 发函询证。

单项选择题

题号	1	2	3	4	5	6	7	8	9	10
答案	D	A	D	B	C	D	D	A	C	A

多项选择题

题号	1	2	3	4	5	6	7	8	9
答案	AC	ABD	ABC	AB	ABCD	ABCD	BC	AD	AB

判断题

题号	1	2	3	4	5	6	7	8	9	10
答案	×	√	×	×	×	√	×	×	×	×

实训题

银行存款余额调节表，见附表7-1。

附表7-1　　　　　　　　　　银行存款余额调节表
2023年11月30日　　　　　　　　　　　　　单位：元

项目	金额	项目	金额
企业银行存款日记账余额	352 200	银行对账单余额	351 400
加：银行已收企业未收	32 800	加：企业已收银行未收	36 000
减：银行已付企业未付	4 000	减：企业已付银行未付	6 400
调节后存款余额	381 000	调节后存款余额	381 000

任务4 进行财产清查结果账务处理

术语释义

1. 盘盈是指财产物资实存数大于账存数。
2. 盘亏是指财产物资实存数小于账存数。

填空题

1. 账实相符；账实不相符。
2. 予以更正；营业外收入；管理费用；其他应收款。
3. 管理费用。
4. 以前年度损益调整；营业外支出。

单项选择题

题号	1	2	3	4
答案	B	A	A	C

多项选择题

题号	1	2	3	4
答案	AB	AB	CD	AC

判断题

题号	1	2	3	4
答案	√	√	√	√

实训题

实训一

会计分录：

1. 借：原材料——A材料   6 000
   贷：待处理财产损溢——待处理流动资产损溢   6 000

2. 借：待处理财产损溢——待处理流动资产损溢   7 500
   贷：原材料——B材料   7 500

3. 借：库存现金   118
   贷：待处理财产损溢——待处理流动资产损溢   118

4. 借：待处理财产损溢——待处理流动资产损溢   950
   贷：库存商品——乙产品   950

5. 借：固定资产——101型号   30 000
   贷：以前年度损益调整   30 000

6. 借：待处理财产损溢——待处理固定资产损溢   80 000
     累计折旧   120 000
   贷：固定资产——102型号   200 000

实训二

会计分录：

1. 借：待处理财产损溢——待处理流动资产损溢   6 000
   贷：管理费用   6 000

2. 借：其他应收款——保险公司   4 500
     营业外支出   3 000
   贷：待处理财产损溢——待处理流动资产损溢   7 500

3. 借：待处理财产损溢——待处理流动资产损溢   118
   贷：营业外收入   118

4. 借：其他应收款——王某   950
   贷：待处理财产损溢——待处理流动资产损溢   950

5. 借：以前年度损益调整   30 000
   贷：利润分配——未分配利润   27 000
     盈余公积   3 000

6. 借：营业外支出   80 000
   贷：待处理财产损溢——待处理固定资产损溢   80 000

项目八 依据会计账簿·编制财务报表

任务1 认知财务报表

术语释义

1. 财务报表是对企业财务状况、经营成果和现金流量的结构性描述。

2. 现金流量表是指反映企业一定会计期间经营活动、投资活动和筹资活动对其现金及现金等价物所产生影响的财务报表。

填空题

1. 资产负债表；利润表；现金流量表；所有者权益变动表；附注。

2. 年度报表；中期报表。

3. 以持续经营为基础编制；按正确的会计基础编制；至少按年编制财务报表；项目列报遵守重要性原则；保持各个会计期间财务报表项目列报的一致性；各项目之间的金额不得相互抵销；至少应当提供所有列报项目上一个可比会计期间的比较数据；应当在报表的显著位置披露编报企业的名称等重要信息。

单项选择题

题号	1	2
答案	A	D

多项选择题

题号	1	2	3	4
答案	ABC	ABCD	ABC	ABC

判断题

题号	1	2	3	4	5	6
答案	√	×	√	√	√	√

任务2 编制资产负债表

术语释义

资产负债表是指反映企业在某一特定日期的财务状况的财务报表。

填空题

1. 资产=负债+所有者权益；资产；负债；所有者权益。
2. 流动资产；非流动资产。
3. 流动负债；非流动负债。
4. 账户式；报告式；账户式。
5. 前后期对比；期末余额；上年年末余额。

单项选择题

题号	1	2	3	4	5	6	7	8	9	10
答案	D	A	C	B	A	C	D	B	D	C

多项选择题

题号	1	2	3	4	5	6	7	8	9	10
答案	ACD	AC	ABC	ABCD	BCD	CD	BD	ABD	ABC	AC

判断题

题号	1	2	3	4	5	6	7
答案	×	×	×	×	√	×	√

实训题

（1）货币资金=6 800+158 000+24 000=188 800（元）

（2）存货=15 600+57 000+13 000+121 000+36 800=243 400（元）

（3）应收账款=56 000+7 000=63 000（元）

（4）应付账款=48 000+12 000=60 000（元）

（5）预付款项=64 000+16 000=80 000（元）

（6）预收款项=18 000+8 000=26 000（元）

（7）应付职工薪酬=-25 400元

（8）未分配利润=16 900+5 100=22 000（元）

（9）其他应收款=6 000元

（10）其他应付款=4 500元

任务3 编制利润表

术语释义

利润表是指反映企业在一定会计期间的经营成果的财务报表。

填空题

1.从事经营业务发生的成本；管理费用；销售费用；财务费用；研发费用。

2.营业收入；营业成本；税金及附加；销售费用；管理费用；财务费用；所得税费用；净利润。

3.单步式；多步式；多步式。

4.报表名称；编表单位名称；利润表涵盖的会计期间；人民币金额单位。

5.利润总额；所得税费用。

单项选择题

题号	1	2	3	4
答案	C	C	D	C

多项选择题

题号	1	2	3	4
答案	AB	ABCD	BCD	ABCD

判断题

题号	1	2	3
答案	×	×	×

实训题

利润表，见附表8-1。

附表8-1　　　　　　　　　　　　　　**利润表**　　　　　　　　　　　　会企02表

编制单位：某企业　　　　　　　　2023年11月　　　　　　　　　　　单位：元

项目	本期金额	上期金额
一、营业收入	593 800	
减：营业成本	351 700	
税金及附加	45 500	
销售费用	8 400	
管理费用	18 700	
研发费用		
财务费用	2 400	
其中：利息费用	2 400	
利息收入		
加：其他收益		
投资收益（损失以"–"号填列）	2 700	
其中：对联营企业和合营企业的投资收益		
以摊余成本计量的金融资产终止确认收益（损失以"–"号填列）		
净敞口套期收益（损失以"–"号填列）		
公允价值变动收益（损失以"–"号填列）		
信用减值损失（损失以"–"号填列）		
资产减值损失（损失以"–"号填列）		
资产处置收益（损失以"–"号填列）		
二、营业利润（亏损以"–"号填列）	169 800	
加：营业外收入	4 800	
减：营业外支出	3 200	
三、利润总额（亏损总额以"–"号填列）	171 400	
减：所得税费用	42 850	
四、净利润（净亏损以"–"号填列）	128 550	
（一）持续经营净利润（净亏损以"–"号填列）		

续表

项目	本期金额	上期金额
（二）终止经营净利润（净亏损以"–"号填列）		
五、其他综合收益的税后净额		
（一）不能重分类进损益的其他综合收益		
1.重新计量设定受益计划变动额		
2.权益法下不能转损益的其他综合收益		
3.其他权益工具投资公允价值变动		
4.企业自身信用风险公允价值变动		
⋮		
（二）将重分类进损益的其他综合收益		
1.权益法下可转损益的其他综合收益		
2.其他债权投资公允价值变动		
3.金融资产重分类计入其他综合收益的金额		
4.其他债权投资信用减值准备		
5.现金流量套期储备		
6.外币财务报表折算差额		
⋮		
六、综合收益总额	128 550	
七、每股收益		
（一）基本每股收益		
（二）稀释每股收益		

企业法定代表人：李琴　　　　　　　　会计机构负责人：王慧

项目九　运用账务处理程序·提高会计核算效率

任务1　认知账务处理程序

⭐ 术语释义

1.账务处理程序是指会计凭证、会计账簿、财务报表相结合的方式，包括账簿组织和记账程序。

2.账簿组织是指会计凭证和账簿的种类、格式，会计凭证与账簿之间的联系方法。

3.记账程序是指由填制、审核原始凭证到填制、审核记账凭证，登记日记账、明细分类账和总分类账，编制财务报表的工作程序和方法。

填空题

1.记账凭证；记账凭证；总分类账。
2.科目汇总表；科目汇总表；总分类账。
3.汇总收款凭证；汇总付款凭证；汇总转账凭证；汇总记账凭证；总分类账。

单项选择题

题号	1	2	3
答案	C	B	C

多项选择题

题号	1	2
答案	ABC	ABD

判断题

题号	1	2
答案	×	√

任务2　运用记账凭证账务处理程序

术语释义

记账凭证账务处理程序是指对发生的经济业务，先根据原始凭证或汇总原始凭证编制记账凭证，再直接根据记账凭证登记总分类账的一种账务处理程序。

填空题

1.直接根据记账凭证对总分类账进行逐笔登记。

2.规模较小；经济业务量较少。

单项选择题

题号	1	2
答案	A	D

多项选择题

题号	1	2
答案	ACD	ACD

判断题

题号	1	2	3	4
答案	√	×	×	×

实训题

1.会计分录：

(1) 借：固定资产 　　　　　　　　　　　132 743.36
　　　　应交税费——应交增值税（进项税额）　17 256.64
　　　　　贷：实收资本 　　　　　　　　　　　　　150 000
记字1号

(2) 借：银行存款 　　　　　　　　　　　180 000
　　　　　贷：短期借款 　　　　　　　　　　　　　180 000
记字2号

(3) 借：固定资产 　　　　　　　　　　　84 533.90
　　　　应交税费——应交增值税（进项税额）　10 466.10
　　　　　贷：银行存款 　　　　　　　　　　　　　95 000
记字3号

(4) 借：原材料 　　　　　　　　　　　　80 000
　　　　应交税费——应交增值税（进项税额）　10 400
　　　　　贷：应付账款 　　　　　　　　　　　　　90 400
记字4号

(5) 借：库存现金 　　　　　　　　　　　2 000
　　　　　贷：银行存款 　　　　　　　　　　　　　2 000

记字5号

（6）借：其他应收款——李明　　　　　　　　　　　　　　　　1 500

　　　贷：库存现金　　　　　　　　　　　　　　　　　　　　　　　　　1 500

记字6号

（7）借：应付账款　　　　　　　　　　　　　　　　　　　　90 400

　　　贷：银行存款　　　　　　　　　　　　　　　　　　　　　　　　90 400

记字7号

（8）借：银行存款　　　　　　　　　　　　　　　　　　　117 000

　　　贷：主营业务收入　　　　　　　　　　　　　　　　　　　　　103 539.82

　　　　　应交税费——应交增值税（销项税额）　　　　　　　　　13 460.18

记字8号

（9）借：生产成本　　　　　　　　　　　　　　　　　　　　60 000

　　　　　管理费用　　　　　　　　　　　　　　　　　　　　　3 000

　　　贷：原材料　　　　　　　　　　　　　　　　　　　　　　　　　63 000

记字9号

（10）借：银行存款　　　　　　　　　　　　　　　　　　　90 000

　　　　贷：预收账款——A企业　　　　　　　　　　　　　　　　　　90 000

记字10号

（11）借：库存现金　　　　　　　　　　　　　　　　　　　60 000

　　　　贷：银行存款　　　　　　　　　　　　　　　　　　　　　　　60 000

记字11号

（12）借：应付职工薪酬——工资　　　　　　　　　　　　　60 000

　　　　贷：库存现金　　　　　　　　　　　　　　　　　　　　　　　60 000

记字12号

（13）借：管理费用　　　　　　　　　　　　　　　　　　　　1 380

　　　　　库存现金　　　　　　　　　　　　　　　　　　　　　120

　　　　贷：其他应收款——李明　　　　　　　　　　　　　　　　　　1 500

记字13号

（14）①借：预收账款　　　　　　　　　　　　　　　　　　87 750

　　　　　贷：主营业务收入　　　　　　　　　　　　　　　　　　　77 654.87

　　　　　　　应交税费——应交增值税（销项税额）　　　　　　　10 095.13

记字14号

②借：预收账款——A企业　　　　　　　　　　　　　　　　2 250

　　贷：银行存款　　　　　　　　　　　　　　　　　　　　　　　　2 250

记字15号

（15）借：销售费用　　　　　　　　　　　　　　　　　　　　6 000

　　　　贷：银行存款　　　　　　　　　　　　　　　　　　　　　　　6 000

记字 16 号

（16）借：管理费用   500

    贷：库存现金   500

记字 17 号

（17）借：银行存款   45 000

    贷：应收账款   45 000

记字 18 号

（18）借：营业外支出   3 000

    贷：银行存款   3 000

记字 19 号

（19）借：生产成本   50 000

    制造费用   4 000

    管理费用   6 000

    贷：应付职工薪酬   60 000

记字 20 号

（20）借：财务费用   4 000

    贷：应付利息   4 000

记字 21 号

（21）借：制造费用   1 040

    管理费用   580

    贷：累计折旧   1 620

记字 22 号

（22）借：生产成本   5 040

    贷：制造费用   5 040

记字 23 号

（23）借：库存商品   115 040

    贷：生产成本   115 040

记字 24 号

（24）借：主营业务成本   110 000

    贷：库存商品   110 000

记字 25 号

（25）借：主营业务收入   181 194.69

    贷：本年利润   181 194.69

记字 26 号

（26）借：本年利润   134 460

    贷：主营业务成本   110 000

    管理费用   11 460

    销售费用   6 000

贷：营业外支出　　　　　　　　　　　　　　　　　3 000

　　财务费用　　　　　　　　　　　　　　　　　　4 000

记字27号

2.根据经济业务，编制通用记账凭证：

（略）

3.根据上述记账凭证，登记库存现金日记账、银行存款日记账：

（1）库存现金日记账，见附表9-1：

附表9-1　　　　　　　　　　　　库存现金日记账

2023年		凭证编号	摘要	对方科目	借方										√	贷方										√	余额									
月	日				百	十	万	千	百	十	元	角	分			百	十	万	千	百	十	元	角	分			百	十	万	千	百	十	元	角	分
11	1		期初余额																												8	0	0	0	0
	9	记5	提现	略				2	0	0	0	0	0																	2	8	0	0	0
	10	记6	预借差旅费																1	5	0	0	0	0						1	3	0	0	0
	16	记11	提现				6	0	0	0	0	0	0															6	1	3	0	0	0
	16	记12	发放工资															6	0	0	0	0	0	0						1	3	0	0	0
	17	记13	退回差旅费						1	2	0	0	0																1	4	2	0	0	0
	20	记17	办公用品																	5	0	0	0	0							9	2	0	0
	30		本月合计				6	2	1	2	0	0	0					6	2	0	0	0	0	0							9	2	0	0

（2）银行存款日记账，见附表9-2：

附表9-2　　　　　　　　　　　　银行存款日记账

2023年		凭证编号	摘要	对方科目	借方										√	贷方										√	余额									
月	日				百	十	万	千	百	十	元	角	分			百	十	万	千	百	十	元	角	分			百	十	万	千	百	十	元	角	分
11	1		期初余额																									1	2	0	0	0	0	0	0
	2	记2	借款	略		1	8	0	0	0	0	0	0															3	0	0	0	0	0	0
	5	记3	购汽车															9	5	0	0	0	0	0				2	0	5	0	0	0	0
	9	记5	提现																	2	0	0	0	0				2	0	3	0	0	0	0
	11	记7	付购料款															9	0	4	0	0	0				1	1	2	6	0	0	0
	11	记8	销售产品			1	1	7	0	0	0	0	0														2	2	9	6	0	0	0
	15	记10	预收货款				9	0	0	0	0	0	0														3	1	9	6	0	0	0
	16	记11	提现															6	0	0	0	0	0	0			2	5	9	6	0	0	0
	18	记15	退回余款																2	2	5	0	0	0			2	5	7	3	5	0	0
	19	记16	付展览费																6	0	0	0	0	0			2	5	1	3	5	0	0
	23	记18	收回欠款				4	5	0	0	0	0	0														2	9	6	3	5	0	0
	27	记19	捐款																3	0	0	0	0	0			2	9	3	3	5	0	0
	30		本月合计				4	3	2	0	0	0	0					2	5	8	6	5	0	0			2	9	3	3	5	0	0

4.根据上述记账凭证，登记原材料、生产成本、制造费用、管理费用等有关的总分类账：
（略）

任务3　运用科目汇总表账务处理程序

术语释义

1.科目汇总表，又称记账凭证汇总表，是企业定期对全部记账凭证进行汇总后，按照不同的会计科目分别列示各账户借方发生额和贷方发生额的一种汇总凭证。

2.科目汇总表账务处理程序，又称记账凭证汇总表账务处理程序，是指根据记账凭证定期编制科目汇总表，再根据科目汇总表登记总分类账的一种账务处理程序。

填空题

1.记账凭证；会计科目；借方发生额；贷方发生额。
2.对应关系。

单项选择题

题号	1	2	3
答案	D	C	B

多项选择题

题号	1	2	3	4	5
答案	CD	ACD	BC	ABD	BC

判断题

题号	1	2	3	4	5	6
答案	×	√	√	×	×	√

实训题

1.编制科目汇总表，每半个月汇总一次。

（1）2023年11月1日至11月15日科目汇总表，见附表9-3。

附表9-3　　　　　　　　　　　　**科目汇总表**　　　　　　　　　　第　号

2023年11月1日至11月15日　　　　　　　　　　单位：元

会计科目	本期发生额		记账凭证起讫号数
	借方	贷方	
库存现金	2 000	1 500	
银行存款	387 000	187 400	
其他应收款	1 500		
原材料	80 000	63 000	
生产成本	60 000		
固定资产	217 277.26		
应付账款	90 400	90 400	
应交税费	38 122.74	13 460.18	
短期借款		180 000	
预收账款		90 000	略
实收资本		150 000	
主营业务收入		103 539.82	
管理费用	3 000		
合计	879 300	879 300	

（2）2023年11月16日至11月30日科目汇总表，见附表9-4。

附表9-4　　　　　　　　　　　　**科目汇总表**　　　　　　　　　　第　号

2023年11月16日至11月30日　　　　　　　　　　单位：元

会计科目	本期发生额		记账凭证起讫号数
	借方	贷方	
库存现金	60 120	60 500	
银行存款	45 000	71 250	
其他应收款		1 500	
应收账款		45 000	
生产成本	55 040	115 040	
库存商品	115 040	110 000	
制造费用	5 040	5 040	
应交税费		10 095.13	
累计折旧		1 620	
预收账款	90 000		
应付职工薪酬	60 000	60 000	略
应付利息		4 000	
本年利润	134 460	181 194.69	
主营业务收入	181 194.69	77 654.87	
主营业务成本	110 000	110 000	
管理费用	8 460	11 460	
财务费用	4 000	4 000	
销售费用	6 000	6 000	
营业外支出	3 000	3 000	
合计	877 354.69	877 354.69	

2.根据科目汇总表，登记总分类账，并结出余额。

（1）银行存款总分类账，见附表9-5。

附表9-5　　　　　　　　　　　　银行存款总分类账

2023年		凭证编号	摘要	借方									√	贷方									√	余额								
月	日			百	十	万	千	百	十	元	角	分		百	十	万	千	百	十	元	角	分		百	十	万	千	百	十	元	角	分
11	1		期初余额																						1	2	0	0	0	0	0	0
	15		1—15日汇总过入		3	8	7	0	0	0	0	0			1	8	7	4	0	0	0	0			3	1	9	6	0	0	0	0
	30		16—30日汇总过入			4	5	0	0	0	0	0				7	1	2	5	0	0	0			2	9	3	3	5	0	0	0
	30		本月合计		4	3	2	0	0	0	0	0			2	5	8	6	5	0	0	0			2	9	3	3	5	0	0	0

（2）其他总分类账。

（略）

任务4　运用汇总记账凭证账务处理程序

术语释义

1.汇总记账凭证是指对一段时期内同类记账凭证进行定期汇总而编制的记账凭证。

2.汇总记账凭证账务处理程序是指根据原始凭证或原始凭证汇总表编制记账凭证，定期根据记账凭证分类编制汇总收款凭证、汇总付款凭证和汇总转账凭证，再根据汇总记账凭证登记总分类账的一种账务处理程序。

填空题

1.汇总收款凭证；汇总付款凭证；汇总转账凭证。

2.库存现金；银行存款。

3.贷方。

4.贷方。

5.汇总记账凭证；汇总记账凭证；总分类账。

单项选择题

题号	1	2	3	4	5	6
答案	B	C	B	C	D	B

多项选择题

题号	1	2	3	4	5
答案	ABD	AB	ABC	CD	AC

判断题

题号	1	2	3
答案	×	×	×

实训题

（略）

项目十　认知会计资料·保管会计档案

任务1　认知会计档案

术语释义

会计档案是指会计凭证、会计账簿和财务会计报告等会计核算的专业材料，是会计活动的客观产物，是记录和反映一个单位经济业务的重要史料和证据。

填空题

1. 会计凭证；会计账簿；会计报表；其他会计核算资料。
2. 资产负债表；利润表；现金流量表。

单项选择题

题号	1	2
答案	B	D

多项选择题

题号	1	2
答案	ABCD	ABCD

判断题

题号	1	2
答案	√	√

任务2 掌握会计档案的归档保管、使用和销毁办法

术语释义

会计档案归档是指各单位每年形成的会计档案都应由会计机构按照归档的要求，负责整理立卷，装订成册，编制会计档案保管清册。

填空题

1. 永久会计档案；定期会计档案。
2. 10年；30年。

单项选择题

题号	1	2	3	4	5	6	7	8	9	10
答案	D	D	C	B	B	D	C	A	D	D

多项选择题

题号	1	2	3
答案	BD	ABCD	BCD

判断题

题号	1	2	3	4	5
答案	×	√	√	×	×

实训题

会计档案保管年限配对表，见附表10-1。

附表10-1　　　　　　　　　会计档案保管年限配对表

档案名称	保管年限
原始凭证 记账凭证 总账 明细账 银行存款日记账 月、季度财务会计报告 年度财务会计报告（决算） 会计档案保管清册 银行存款余额调节表 银行对账单	10年 30年 永久